"抵御外侮——中华英豪传奇"丛书

丛书主编　张海鹏

平倭劲旅

戚家军

韩朝建◎著

南京出版传媒集团
南京出版社

图书在版编目(CIP)数据

平倭劲旅戚家军 / 韩朝建著. -- 南京 : 南京出版社, 2023.11
(抵御外侮 : 中华英豪传奇)
ISBN 978-7-5533-4332-7

Ⅰ. ①平… Ⅱ. ①韩… Ⅲ. ①戚继光抗倭战争—史料 Ⅳ. ①K248.205

中国国家版本馆 CIP 数据核字(2023)第 153481 号

书　　名　平倭劲旅戚家军
作　　者　韩朝建
出版发行　南京出版传媒集团
南 京 出 版 社
社址：南京市太平门街 53 号　　邮编：210016
网址：http://www.njcbs.cn　　电子信箱：njcbs1988@163.com
联系电话：025-83283893、83283864(营销) 025-83112257(编务)

出 版 人　项晓宁
出 品 人　卢海鸣
责任编辑　汪　枫
封面设计　石　慧　王　俊
责任印制　杨福彬

排　　版　南京新洲印刷有限公司
印　　刷　江苏凤凰通达印刷有限公司
开　　本　787 毫米×1092 毫米　1/32
印　　张　4.875
字　　数　90 千字
版　　次　2023 年 11 月第 1 版
印　　次　2023 年 11 月第 1 次印刷
书　　号　ISBN 978-7-5533-4332-7
定　　价　20.00 元

上架建议：教育·历史

用微信或京东 APP 扫码购书

用淘宝 APP 扫码购书

编 委 会

总　序

在中华民族的历史上，沿海倭寇的肆意袭扰，西方列强的坚船利炮，侵华日军的烽火狼烟，一次又一次将中华民族推向生死存亡的边缘，给中华民族带来了深重的灾难与难以磨灭的痛苦记忆。中国从一个封建国家演变为一个半殖民地半封建国家。国运危亡，威胁着每一个中国人。

天下兴亡，匹夫有责。抵御外侮，救亡图存，成为面临外敌入侵、民族危亡时中国人思考的第一课题。也正是在这样的危难时刻，中华民族产生出一个又一个舍生取义、矢志报国的英雄豪杰，他们一回又一回地挽狂澜于既倒，扶大厦于将倾。他们的丰功伟绩，不只是单纯地拯救了某个王朝，某个皇帝，而是拯救了整个中华民族的血脉与希望；正像我们的国歌所唱的那样：把我们的血肉铸成新的长城，他们的奋斗和牺牲，把中国的历史命运一次一次推向一个进步的新阶段；他们的高风亮节，不只是中华儿女景仰、学习的榜样，也是人类不屈不挠、英勇抗暴精神的象征。抗敌御侮的英雄事迹，构成了中华优秀传统的新的篇章。

中华民族没有在外敌面前屈服、倒下，而是在一次一次斗争后走向新生，走向进步。作为唯一延续至今未曾中断过的中华文明不断在成长，中华民族依旧傲然挺立于世界民族之林，中华民族的文化传统，不仅没有消逝在历史长河之中，反而发扬光大，成为造就中国特色社会主义的基本历史因素。

为了歌颂中华英豪的爱国精神，为了纪念中国人民抵御外侮的伟大事迹，为了弘扬优秀的传统文化，南京出版传媒集团·南京出版社推出“抵御外侮——中华英豪传奇”丛书。

这套丛书是面向青少年的普及性读物，聘请各有所长的学者撰写，力图用生动活泼的语言，引人入胜的故事，准确的历史事实，努力展现明清以来各个时期抵御外侮的英雄豪杰的事迹，描绘每一位英豪的成长历程和闪光人生，再现了他们人生的不朽光辉。丛书通过这些在抵御外侮中发挥重大作用的英雄人物，向广大青少年表达了中华民族热爱和平、热爱祖国的家国情怀。

如今，我们正走在中华民族复兴的伟大征程之上，国家发展前程似锦，国际地位日益提高，全世界的目光都在转向中国，可以说，今天的中国距离中华民族复兴的伟大梦想，比以往任何时候都更为接近了。越是在这种时候，我们越是要记住为实现中华民族伟大梦想而奋斗、而牺牲的先烈；在我们昂首阔步走向未来新征程的路上，我们更应该居安思危、以史为鉴。历史已经证明：每一段抵御外侮的历史，都是一段维护正义的历史；每一场抵御外侮的斗争，都是一场维护和平的斗争；每一次抵御外侮的奋斗，都是一次为了实现人民美好生活的奋斗，正义终将胜利，和平终将胜利，人民终将胜利。

“抵御外侮——中华英豪传奇”丛书在传播正能量、弘扬爱国主义情怀的同时，提醒我们，在和平时期，抵御外侮的精神同样不可或缺，抵御外侮的英豪也同样不应遗忘，我们今时今日所有的成就与繁荣，离了这种精神、这些英豪，都是万万不可想象的。

“抵御外侮——中华英豪传奇”丛书，不只是为了缅怀先烈，更是为了激励后人；不只是为了铭记历史，更是为了展望未来。

为青少年编写历史小丛书，是一项崇高的事业。20世纪50—60年代，吴晗主编了《中国历史小丛书》《世界历史小丛书》，对当时的青少年起到了历史教育的奠基作用，事实证明是成功的出版经验。我期待南京出版社继起努力，把这个崇高的事业承担起来，拓展开来。为这个崇高的事业投入人力、物力和财力，是会得到善报的，这个善报，不在多少金钱，而在一代一代具有丰富历史知识的青少年的成长，他们将成为国家的栋梁。

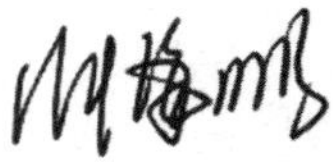

（中国社会科学院学部委员、中国史学会原会长）

目录

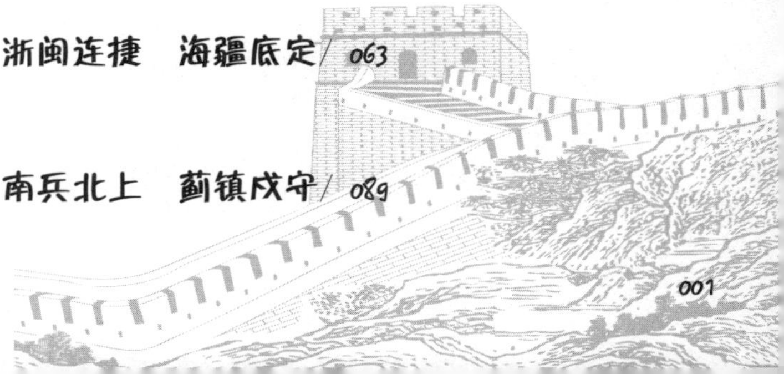

引　言

明朝嘉靖年间(1522—1566),“南倭北虏”问题日益严重,危及大明边疆稳定甚至国家存亡。面临外敌肆意侵扰,明朝庞大臃肿的军事系统却运转失灵,在战场上败绩连连,给沿海、沿边人民的生命财产造成很大损失。危急时刻,嘉靖三十八年(1559)戚继光奉命赴浙江义乌县招募矿徒和农民入伍,延揽义乌和浙江当地的基层武官、生员、地主、吏员等为将领,组成了一支新式军队。在戚继光的训练下,他们创制新式武器,采取系统的训练方法和团队作战的方式,从而形成一支纪律严明、战斗力强大的劲旅。这支军队在浙江、福建、广东等地接连取得大捷,声名大振,令倭寇闻风丧胆,称呼戚继光为“戚老虎”,而戚继光所带领的这支军队即为“戚家军”。

“戚家军”这个词可能在戚继光在世时已出现,有文字可考的最早记录则见于明末官员方应选的评论,他总结的戚家军的特点是:第一是训练方法细致,纪律严明,一举一动都有章法，扎营如同守城，行军如同作战；第二是重视对军队的控制和驾驭，十万人如同一人，打仗时仿佛身体指挥手臂一样，绝对服从指挥；第三是战斗力强大，主帅一声令下，将士们赴汤蹈火，无所惧畏。这大概就是明人对戚家军的基本认知。另外，戚家军有狭义和广义之分。狭义的戚家军指的是戚继光亲自训练、带领的“义乌兵”，在浙江时有 1 万多人，在蓟镇时达 2 万多人。广义的戚家军还包括戚继光部下训练、带领的军队，文献中通常用“义乌兵”“浙兵”“南兵”呼之。由于戚家军名声在外，连带着“义乌兵”“浙兵”“南兵”也成为明朝人心目中战力强大的军队代名词，因此明末多次从义乌和浙江募兵，实际上，如果招募的军队不属于戚继光及其部下管理和指挥，便算不得戚家军了。

戚家军在闽浙抗倭取得了辉煌的成绩。短短数年间，基本上荡平了东南沿海的倭寇。隆庆二年(1568)，戚继光被调往北方边防重镇蓟镇，戚家军亦随之北上。戚家军在蓟镇增修边墙、修筑墩台、改进车营、制造火器，形成了车营、步军、骑兵联合作战的方式，使得蓟镇成为九边金汤之地，数十年没有重大边警。戚继光去世不久，万历二十年(1592)日本“关白”丰臣秀吉大举入侵朝鲜，明朝则组织东征军，援朝抗倭。戚继光的部下吴惟忠、戚金、楼大有、叶邦荣、骆尚志、胡大受、陈蚕、龚一清等大批将领先后随军出征，他们带领蓟镇的部分戚家军以及新招募的“南兵”，英勇善战，在战场上有出色的表现。最终明朝、朝鲜联军将日寇驱逐出了朝鲜。这场战争中，戚家军的纪律性、战斗力、火器运用等明显异于明朝其他军队，让朝鲜君臣刮目相看。朝鲜人不仅为他们树碑立传，还邀请他们替朝鲜训练了一支新军。

戚家军的军事思想、训练方法影响了中国、朝鲜、日本数百年。戚继光撰写的兵书《纪效新书》《练兵实纪》，当时已经成为戚家军的实用军事训练教材，供将士们操练使用。万历以降，这两部兵书被多次刊印、抄写、传播，现存明代的刊本和抄本有 20 余种，清代则有近 40 个版本。明清以至近代，举凡遇到重大战争和军事危机，例如援朝抗倭、鸦片战争、太平天国起义、抗日战争时，人们总是能够想起戚继光和戚家军，希望从他的军事思想与军事实践中汲取灵感。此外，戚继光的《戚少保奏议》《止止堂集》中亦保存了大量戚继光守边、治军、练兵、练将的心得。戚继光的著作还多次在日本和韩国刊印，戚继光的治军思想和戚家军的军事经验，成为中国和世界军事史上的重要财富。

第一章　倭寇入侵　军备废弛

倭寇是13—16世纪侵扰中国沿海、朝鲜半岛与南洋等地，以日本海盗和走私商人为主的劫掠集团的总称。倭寇最初出现于13世纪，当时仅局限于日本九州一带的名主、庄官及一些失业民众，规模相对有限。14世纪中叶，正值日本的南北朝对峙时期，南朝虽然占有更多的国

小贴士

名主：是日本平安时代(794—1192)产生的名田(以自己名字登记公田)的占有者，名田较多者称大名。名主是地方豪强，一方面管理和支配百姓，另一方面须向国家和庄园领主承担赋税徭役。庄官则是庄园领主派往地方征收赋役和维持治安的代表，有的庄官由地方豪强兼任。

土面积，但是力量相对较弱，九州等地的南朝封建主需向外掠夺物资，于是组织武士、浪人、武装商人等，开始大规模劫掠中国和朝鲜沿海地区，是为前期倭寇。15 世纪中叶，日本进入战国时期，国内战乱频仍，各地的领主、大名纷纷组织武士、百姓等外出劫掠，此后部分中国走私商人和海盗也加入其中，使得倭寇数量不断扩大，是为后期倭

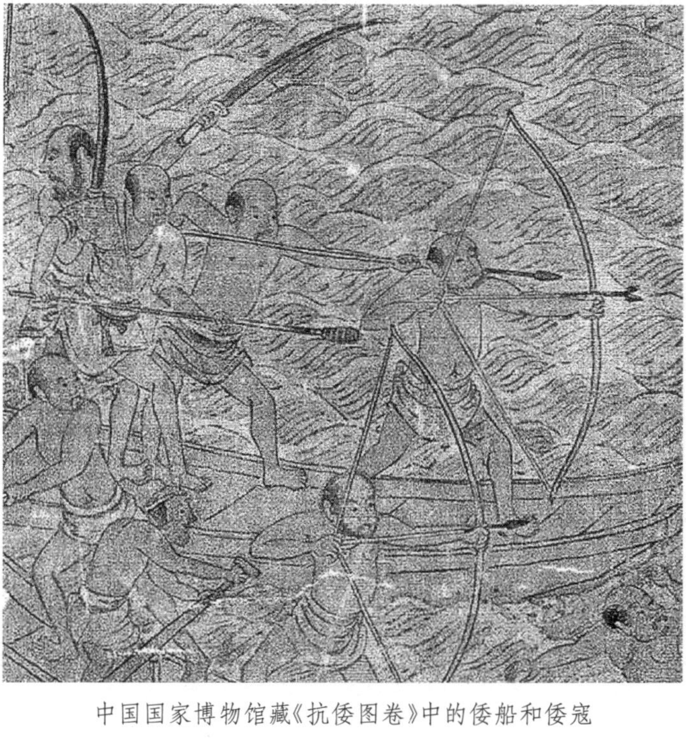

中国国家博物馆藏《抗倭图卷》中的倭船和倭寇

寇。倭寇人少则烧杀抢掠，人多则攻城略地，中国东南沿海警报频传。到了明嘉靖年间(1522—1566)，倭寇问题愈演愈烈，有一发不可收拾之势。

倭寇入侵初期，几乎战无不胜，部分原因是他们的武器精良。不过，早期倭寇的造船技术其实相对较差，根据抗倭将领胡宗宪的记述，其船只是用大木片镶嵌而成；不用铁钉，只用铁片联结；也不用桐油填缝，而是用水草等物塞住缝隙。另外，倭船船身低矮，遇到巨型船舰难以仰攻，且容易被撞沉，所以他们很害怕中国的广船、福船。同时，由于其船底是平的，不能破浪，只能顺风驾驶，所以经常一个多月才能漂到中国。但是后来福建沿海奸民，指导倭寇改变船身结构，在倭船外加装船底，更便于乘风破浪，几天就能到闽浙沿海。倭寇入寇时间往往选择较多东北风和南风的春秋两个季节。倭寇大举入侵时，常常集结数十艘船只，大的倭船能容三百人，中型的倭船一二百人，小的倭船只能容四十五至七八十人。

倭寇的武器主要还是冷兵器，尤其是叫作“野太刀”的倭刀，倭刀长 1.6 米左右。加上倭寇善于跳跃，一次能跳 2—3 米远，因此可以迅速进攻到 4—5 米之外的距离。倭刀较为锋利，再加上双手使用，势大力沉，明军的短兵器根本接不住，长兵器则不如其便捷，容易被其跃近劈砍，被倭刀砍中之人往往一身两半。倭寇每次进攻之前往往挥刀跳跃，上下四方，一片刀光，明军士兵常常被震慑住。另外，指挥的小头目往往拿折扇指挥，折扇往上一刷，所有刀锋即“向空挥霍”，明军注意力被其花招分散，倭寇则刀锋突然调转，劈头砍下，令人猝不及防。另外，倭寇还使用弓箭和标枪。弓箭是极长的竹弓，弓长矢巨，力道较强。标枪则是易于隐蔽的不露竿的标枪，便于偷袭。与冷兵器相比，倭寇的火器技术较差。虽然他们会造一些鸟铳，但是产量较低，火炮则完全不会造，这方面显著弱于明军。

倭寇的规模灵活多变，最大规模的往往有几十艘船，人数数千，用于攻城略地，曾多次攻占县城乃至府城。小规模的往往只有几十人，这样便于深入内地劫掠和流窜，也比较适合水田较多的南方地形。另外，倭寇受其国内各地大名的指挥，缺乏统一指挥，常采用多股倭寇流窜作战的方式。各股倭寇上岸之后，经常将船只焚毁，示以劫掠的决心。倭寇队伍的前锋和殿后者往往较为强悍，中间则强弱混合，他们在南方山间水滨列成一个长队，鱼贯而行。此外，倭寇还往往得到沿海通倭豪强的暗中相助，也善于收买当地奸民，刺探明军情报。遇见紧急情况，倭寇多以海螺为信号，以便各小分队相互协调和救援。他们的这些策略使得明军东奔西突，不能发挥大规模作战的优势，也缺乏侧翼与后援，结果不仅难以围剿倭寇，且多被倭寇埋伏偷袭。

两军对垒之时，倭寇也有一些常见的策略。戚继光曾说："我这几年经历了上百次战斗，往往见到倭寇盘踞险峻的高处，以逸待劳，等到傍晚我军锐气丧失，或我军收兵之际，队伍错乱之时，则突然冲出，趁机追杀。倭寇多在锐气最盛时冲锋，又往往在盔甲上装饰金银牛角和五色长丝，远望有如鬼神，以恐吓我军。另外他们还多拿镜子，又把倭刀磨得锃亮，因此日光之下，闪闪夺目。如果两方长时间对峙，我军往往会胆怯气馁。"此外倭寇还有一些常见的策略。比如，明军冲锋之时，他们往往先诱使明军乱发弓矢、火炮，先消耗明军优势武器，然后再伺机进攻；或者驱使劫掠的人口在阵前，迫使明军投鼠忌器而不敢施放弓箭和火炮。如果遭遇明军进攻，他们又经常抛洒银钱或其他财物，诱使明军士兵争抢，阻滞明军攻势，然后再掩杀或伏击。

实际上，倭寇常年侵扰肆虐，不仅暴露了明军战术上的缺陷，更暴露了明朝军事体制的一系列重大问题。当时，明朝军队主力仍是卫所的世袭军队。明初，朝廷在边疆、沿海、内地要害之处遍设卫所，其管辖的土地占明朝疆域的一半以上。一般而言,一个卫的编制是5 600人,一个千户所是1 120人。卫所官军有的来自朱元璋的部下,有的来自元朝投降的部队,有的则来自民间征发。卫所的军户,无论是武官还是士兵(通常称作“军”),其身份都是世袭的。

卫所武官的祖先由于立了军功,被授予卫指挥、指挥同知、指挥佥事、千户、百户、总旗等,这些职务由其子孙世代继承。世袭的依据是宗法制,即长子继承、父死子继、兄终弟及。子孙继承祖传的职位,如果再立新功,则可以获得更高的职位,再将新职位传给后人;如果任内犯了大错而被降职,则子孙只能继承较低的职位。对于继承祖职的武官而言,由于生来就有官做、有俸禄领,所以很多人不思进取,既不练武艺,也不究兵法,只知贪图享乐,骄奢淫逸,已经失去了领兵打仗的能力;甚至有人还侵占官田,隐占人口,破坏卫所制度的基石。当然,也有些世袭武官,不甘于躺在祖先的功劳簿上,终日习武学文,立志要做出一番事业。这其中就包括著名的抗倭将领戚继光、俞大猷等,戚家军的一些著名将领也是卫所武官出身,例如丁邦彦是松门卫世袭指挥,胡守仁是观海卫世袭百户,张元勋是新河所世袭百户,李超、陈其可也都是世袭武官。

卫所军队的普通士兵“军”也是世袭的，其世袭原则和武官一样，也是宗法制，按照五服的顺序，父亲去世或退休，军职由其儿子继承；没有儿子，则由弟弟或侄子继承；没有弟弟，则由最近的其他亲戚继承。总之，一名卫军就是一个坑，缺位必须填上，这样军队才不会缺额。世袭对卫军而言不是荣耀，而是世世代代的负担。一位普通的军兵，除了跟着将领打仗之外，还必须在守城与耕种两种日常工作中选择一种。明朝的制度设计，是让卫军且耕且守，自给自足，这样就会减轻朝廷的财政负担。卫所地称作屯田，性质是国有土地，其赋税通常比普通民地要重很多。卫所屯田的赋税称子粒，用于给武官发放俸禄，给卫军发放工食。无论是守城或是种地，工作都比较

小贴士

五服：指的是斩衰、齐衰、大功、小功、缌麻等五种丧服，分别对应着不同的服饰形制、守丧期限和守丧行为，体现了亲属与死者之间亲疏远近的关系，是中国古代宗法制的重要表现。

辛苦，因此很多卫军逃亡；有的则投靠武官或地方豪强，为私人服务，最后留下来的往往是逃不走的老弱病残。因此明朝中期以后，卫所常年苦于兵额不足、屯田流失、训练废弛等问题。

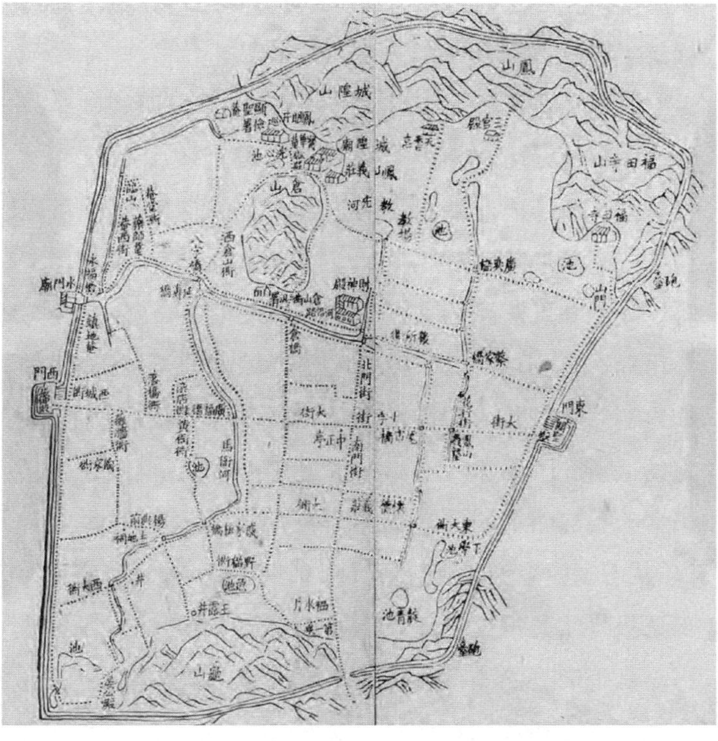

1899 年《余姚县志》中的临山卫城图

明中叶倭寇肆虐东南沿海之时，明朝发现庞大的卫所系统基本上失去了军事意义。如果说卫所还有任何价值的话，那就是负责管理屯田和世袭人口的登记，并为此后募兵制提供一定的兵源和将领立功升迁的渠道。由于卫所规模庞大且问题积重难返，明朝必须从其他渠道寻找解决军事需要的办法。

其实早在天顺八年(1464)，朝廷鉴于卫所将领难以作战的问题，就已在科举之外另外开设武举，以发现和培养将才。由各地推举娴熟武艺之人前来应考，考生可以包括不继承祖职的武官后人、卫所的普通军兵、普通民人等。兵部和京营总兵官在帅府内考察策论，在教场内考核弓马，根据考核结果，授予入选者相应的卫所职务，并在京营总兵处效力。但是当年只录取寥寥数人，加上文官的普遍反对，此后长时间没有再举行。正德三年(1508)兵部尚书刘大夏奏准，在乡试的次年四月举行武试，从考试内容到品级待遇等都有具体规定，武举成为兵部选拔将才的重要渠道。不过，由于武举考试重在考核弓马是否娴熟，策论沦为八股和纸上谈兵，因此难以选拔出娴熟韬略和兵法的将才。另外中举之人只是虚授官职，只有取得战功才能实授，使得许多人没有发挥才能的机会。事实上，从选拔将才的角度来看，武举基本上没有什么效果。

在兵源方面，15 世纪中叶，明朝就已开始采用募兵制。一开始，募兵的对象是军户中没有继承军职资格的人员和普通民人，当时主要是把他们作为卫所兵源的补充，仍实行兵农合一的政策。后来募兵的对象扩大化，把罪犯、亡命之徒等各色人群也包括在内，而且他们也不再归卫所管辖，成为兵农分离的、职业化的雇佣兵。相应地，国家也不再需要负责这些士兵的家庭、赋役等问题，而是以慷慨的薪水吸引人们入伍。成化八年(1472)，每名招募来的士兵月薪是三两银子、两匹布、一石米，待遇是普通卫所士兵的两三倍。由于明中后期军事行动频繁，打仗基本上仰赖募兵，这使得军费支出激增。正德年间，朝廷每年军费不过几十万两白银；嘉靖十八年(1539)，军费已经翻了几倍至 280 余万两；万历二十八年(1600)，军费飙升到 450 万两，甚至超过明朝整年的财政收入。

即便解决了将领和兵源的问题，明朝还有一个根深蒂固的老问题，即重文轻武。为了防止武人割据，朝廷规定五军都督府负责卫所武官和卫军的登记管理，但是调动军队的权力则在兵部。用兵时，由兵部调拨军队和安排将领带兵打仗；战争结束，卫军回到卫所驻地，将领则把印信交还给兵部。由于将领和军队都是临时调拨的，兵不识将，将不识兵，它在限制武人弄权的同时，也影响到了军队建设。另外，明代的制度设计，是让文官领导武官。总揽地方军政大权的总督、巡抚都由文官担任，并指挥下属各级武官；总督、巡抚之下还设立兵备使、海防道等文官职位，他们能调动各种军政资源并监督辖区内的武官。此外，军人的升迁、任免由文官负责，军队的后勤补给也由文官把持。对文官们而言，只要没有战乱，则训练军队、巩固边防、军事改革基本上是束之高阁，毕竟他们没有必要给武官太多施展才能的空间。

直到 16 世纪中叶，倭寇大肆侵扰东南沿海，星罗棋布的卫所、貌似固若金汤的海防在倭寇面前不堪一击，文官们才发现他们的军事制度是如何的脆弱，任用有军事才能的将领势在必行。但是他们却在任人方面连续产生错误，任由朝臣弹劾前线的抗倭将领。嘉靖二十六年(1547)七月，朱纨巡抚浙直闽等海道，他积极整顿海防，限制渡船，强化保甲，搜捕通倭奸民，打击走私，添置战船，并在双屿、温州、诏安等地取得对倭作战的胜利，此外还平定了处州的矿盗。但是他的措施打击了从事走私贸易的闽浙豪族的利益，他们通过巡按御史福建人周亮和给事中叶镗等人弹劾朱纨，接着兵部尚书翁万建、兵部侍郎詹荣、巡按福建御史陈九等人则弹劾朱纨擅启杀戮。朱纨先是被降职，接着免官审问，最终愤而在狱中作《绝命词》，仰药而死。朱纨死后，大臣们都不敢再提海禁之事，闽浙沿海的卫所、战船一切废弛。后来浙江副使丁湛甚至撤捕盗船，放开海禁。不久，倭寇大作，荼毒东南各省十余年。

嘉靖三十三年(1554)五月，朝廷以张经总督浙直、山东、两广、福建军务以御倭。朝廷下旨东南诸省的财政收入，都可以调取使用；各省的兵源，都可以灵活征用。于是张经一方面加强海防，整饬军备，另一方面调取客兵入浙抗倭。当时从各省征调的军队有湖广土兵、广东徭兵、广西狼兵、四川苗兵、福建赖兵、崇明沙兵、少林僧兵；北方则有山东枪手、河南毛民、田州瓦氏兵、北边骑兵、北平射手等。凡是打仗有点名气的地方武装，都招罗了过来。这些外地来的客兵都是有事临时征调，其驻地离闽浙沿海数千里，往来耗费大量时间。当然，客兵也并非没有抗倭成绩，例如王江泬大捷，湖广保靖土兵有重要贡献。不过，由于主帅张经卷入党争，被当权的严嵩及其爪牙赵文华等弹劾，次年五月被捕入狱，十月被杀。凡此种种，无不使天下志士寒心失望。

小贴士

客兵：明代各军队都有固定驻地，但由于战事、轮戍、修城等需要，偶尔需要调到外地执行任务，相对于当地驻防的主兵而言，他们被称作客兵。客兵往往有耗费巨大、骚扰地方、主客兵矛盾等各种弊端。

更严重的是，明军兵无斗志，军纪败坏，军心解体。如广西狼兵、土兵等外地客兵原本敬服于张经的威名，军纪尚严整，作战亦勇猛，但张经一死，这些狼兵、土兵不再受约束，不但再无战斗力，而且劫掠地方。取代张经的都御使周珫等人，大多为平庸之辈，同时还受制于赵文华、胡宗宪等人，“由是倭患日新，而狼、土兵复为地方所苦，东南事愈不可为矣”。当时明军战斗力之疲弱，在一次应对倭寇的事件中暴露无遗。嘉靖三十四年(1555)六月，数十名倭寇从浙江上虞登岸，流窜东南各州县达80多天，并一度奔袭南京，杀伤士兵数百人，而南京城的明军竟关闭城门两天，不敢出剿。尽管这伙倭寇最后被苏松巡抚曹邦辅、副使王崇古等率部围歼，但此次倭寇入侵事件中，明军前后损失却达 4 000 余人。

嘉靖三十五年(1556)后，抗倭的最高指挥官是胡宗宪。胡宗宪是南直隶徽州府绩溪县人，嘉靖十七年(1538)年 26 岁就中了进士，在山东、浙江等地做过知县，还担任过宣府、大同、北直隶、湖广、浙江等处的巡按御史，其间平定过山东益都的盗贼和湖广的苗民起义，积累了一定的威望。嘉靖三十三年(1554 年)，胡宗宪出任浙江巡按御史；嘉靖三十四年(1555 年)，他升右佥都御史巡抚浙江；嘉靖三十五年(1556)升任浙直总督，总制南直隶、浙江、福建等处军务，统筹抗倭事宜。胡宗宪制定了“攻谋为上，角力为下”和“剿抚兼施，分化瓦解”的作战方略。

《倭寇图卷》中抗倭的明军

胡宗宪任浙直总督后，很快取得了一些战绩。嘉靖三十五年（1556 年）八月，胡宗宪调兵进攻占据浙江平湖东沈庄的倭首徐海。倭寇穷凶极恶，保靖、河朔各路客兵先后为其所败。此时，胡宗宪虽然是文官，但他仍身穿盔甲，亲自到前线指挥湘西的永保兵进攻，大败倭寇。同年十一月，倭兵侵犯会稽，以报沈庄惨败之仇，其来势凶猛，“官兵莫能御”，胡宗宪督促将领卢镗迎战，被他以士兵疲劳、需要休整为由拒绝。胡宗宪不顾敌众我寡，夜里亲自召集护卫亲兵袭击倭寇，天亮时各营才知道主帅破敌之事，纷纷入贺，卢镗惭愧得无地自容。在抗倭战斗中，胡宗宪经常亲自上阵，穿盔戴甲，在前线督战。例如倭寇围杭州时，他又曾亲自登城监视，甚至趴在城垛上观察敌情，毫不畏惧敌人可能放冷箭，展示了身为统帅的风范。不过，从另一个角度而言，抗倭主帅不得不多次亲历险境，也反映出下属将领之难以统御和各路客兵之不得力。

戚继光在嘉靖三十五年（1556）七月担任浙江都司佥书，负责屯田和军需供应。他当时虽然只有 28 岁，但作为登州卫的世袭武官，此前已经有两年在山东沿海备倭的重要经验，对明军和倭寇的优劣点有深刻的观察。戚继光认为面对倭寇的侵扰，明朝正规军缺乏训练，张经、胡宗宪等抗倭主帅虽然也都尽心剿倭，但大都采取权宜之计，并未好好练兵，而是从遥远的各省调拨士兵甚至“土人”“夷人”等军队。这些客兵万里遥远，调拨不及时，往往几个月甚至一年后才能来到，客兵来时而倭寇早已撤走，根本是远水不解近渴。虽然有些许成功，但是管理这些客兵是大麻烦。朝廷给的赏钱都被当地土官侵吞，客兵分到的很少；而且他们平时根本没有纪律约束，到外地更难以控驭，于是沿途骚扰百姓，甚至比盗贼有过之而无不及，东南沿海地区反而受到很大荼毒，所以有谚语称“贼为梳，兵为篦”，意思是客兵对地方的搜刮掠夺更甚于敌寇。如果长官把这些犯法士兵绳之以法，他们轻则怨恨长官，重则以下犯上；如果对他们施以恩宠，则他们心生傲娇，更加肆无忌惮。在戚继光看来，抗倭要成功，就必须先解决明军自己的问题。

1936 年《青年月刊》刊载
吴佩孚藏戚继光画像

嘉靖三十六年(1557)二月,戚继光向胡宗宪提交《练兵议》,请求训练浙江本地之兵,大致内容如下:

将领的责任是守御地方,不忘备战;而士兵的责任就是加强训练,做好战斗准备。但是现在军情发出警报,将士们却很忧虑张皇,只能调外地的杂兵应对,甚至调取福建、广东的水师进行陆战。我们的士兵难以驾驭,他们很少操练,不懂军令,军心并未归附。另外,他们还缺乏武器装备,身上没有甲胄遮蔽,却去抵抗身经百战、甘心冒死的敌寇;没有平时习得的技艺,而去抵挡武器精良、战斗技能娴熟的敌寇;而且行军没有军粮,战斗没有号令,防守没有营垒。这种情况,如何抵御敌寇?为今之计,备妥营垒兵器,才能够进与敌人相对峙;充实军粮,士兵退下来才能吃饱,正所谓"健康储艾草,生病不担心"。至于将领要身先士卒,亲自击鼓,忘却自身,是我自小就一直听闻的教育。至于临阵应变,据险防守,设置奇兵,则有我自己摸索出的方法。至于拣选士兵,检查兵器,申明队伍,严肃阵营,教习武艺,而且能让士兵听从指挥,则有我的一点愚笨的心得,出于我愿意为国殉身的赤诚。即便是十户人家的小县也必有忠信之士，何况是浙江全省，难道这里没有武艺高强的勇士？如果我能得到浙江本地兵三千人，亲自训练，三年之后，不仅足够御敌，还可以比客兵节省大量费用。

戚继光的这个提案，其实就是毛遂自荐，训练一支本地浙兵。他把该提案递给身边下属，让他们提看法，下属皱着眉头阻止了他。他又询问同事们的意见，同事则哄堂嘲笑他："抗倭之事自有督抚主持，哪里能轮到我们妄议练兵。而且我们和倭寇交战这么多年，从来没听说倭寇是能够击杀的，通常应该趁他们抢够了东西，满载而归之时，从海上对其发动攻击，这样差不多可以将功补过，获得不可估量的好处。"由于僚属、同事们都反对该提议，这不免让戚继光也犹豫起来，一个多月都没敢把提案交给胡宗宪。

再三思考，戚继光决定这事必须要做。他说："管理三军的人，必须练兵。这个'练'字就是把生丝练成熟丝，以便于纺织的意思。灵巧的工匠能够把毫无知觉的生丝练成熟丝，将官反倒不能把有知觉的百姓练成士兵，难道不自愧不如工匠吗？而且，如果不给倭寇以重大打击，就很难杜绝他们再来侵扰啊。"当一个多月后，戚继光终于把这份提案交给总督胡宗宪的时候，胡宗宪只看了一眼，就将其丢在地上。他觉得戚继光的提案就是冒犯自己，于是轻蔑地说："如果浙江本地人可以加以训练，我自己会做，岂容你越俎代庖！"戚继光后来回忆起当时的情景说："主事者认为我是丧心病狂。"无论如何，这次会面很不愉快，戚继光碰了一鼻子灰，只好悻悻而退。胡宗宪把戚继光轰走后，仿佛有所领悟，让身边的小官把提案捡起来，重新读了一遍，若有所思地说："说不定这件事会让地方的士大夫听到，我如果不批准他的提议，大家必然怪罪于我。不如姑且采纳他的建议吧。"后来胡宗宪给浙江巡抚阮鄂写信，甚至说："练兵是我的想法，我将保障其成功。"可见他已经认可了练本地兵的必要性。

不久，胡宗宪找回戚继光，答应将兵备佥事曹天佑所部 3 000 名绍兴籍士兵交给戚继光训练，这批人主要是临山卫、观海卫的军士。这些沿海卫所都是明初设置的，按照当时朝廷设立卫所的原意，卫所捍卫地方，百姓供养卫所。但是倭寇侵扰使得卫所制度的虚弱暴露无遗。倭寇来侵扰时，卫所不仅不能保障百姓，而且有急事的时候，还要请民兵代其守城，可以说完全失去了守土保民的意义。临山、观海这两个卫所处在浙东沿海余姚、慈溪一带，是富庶之地，卫所子弟都已退化为市井之徒，生性狡猾。这批士兵经过戚继光两年的训练，虽做到了军容严整，但是仍然怯于短兵接战。不久发生了舟山岑港之役，倭寇只有700人，而明军集合了天下的文武兵将，一年之内，上百次战斗，竟然没有取得多大成果，连带戚继光也被撤职。戚继光详细分析了战场胜败的原因，认为自己训练的绍兴兵之所以不能打硬仗，是市井生活使他们丧失了殊死搏斗的意志。所以他后来募兵，就声明不收城市子弟。

当然，卫所也并非全是纨绔子弟，戚继光的一批下属如胡守仁、陈其可、李超、丁邦彦、张元勋等，皆是卫所武官出身。比如，观海卫百户胡守仁就是一位杰出将领。胡守仁，字子安，号近塘。他为人豪爽洒脱、性格刚烈，祖上世代为卫所武官，戚继光参与抗倭时，他是观海卫中所百户。嘉靖三十五年(1556)八九月间，倭寇占据宁波龙山的邱王，这里毗邻观海。戚继光率军千余参战，与他配合的参将卢镗、把总卢崎、观海卫龙山所千户尹秉衡等各部逡巡不前。胡守仁则率先奋勇杀入，随后戚继光挥兵进击，全歼邱王倭寇。这一战，虽然让戚继光认识到观海卫士兵的怯懦，也让他发现了胡守仁等将领。胡守仁此战立了头功，升任中军总哨，此后更在福建、蓟镇等处立下赫赫战功，成为戚继光的重要臂膀，戚继光曾评价他

“谋则必成，战则必胜”。

嘉靖三十六年(1557)戚继光的第一次练兵虽然不算成功，不过经由过去二三年的带兵与战斗经历，戚继光发现了一批优秀的将领，这些人日后成了戚家军的重要骨干。但是光有几位优秀将领是远远不够的，戚继光反对战场上的个人英雄主义，他曾说：“虽然军队不乏勇武将领冲锋陷阵，但是如果他们孤身赴敌，牺牲疆场，固然死得其所，但对国家地方有何益处?”毕竟，打仗讲究的是集体作战和相互配合，而不是个人逞勇斗狠。所以，他趁着倭寇暂时被击退，将士休整之机，加紧练兵。这些带兵、练兵和选将的经历，成为戚继光建立新军的重要经验。

第二章　招募兵将　义乌组军

义乌县城以南50里有一座八宝山，这座山坐落在该县第八保的范围内，所以叫八保山，后来由于发音相似被讹传为“八宝山”。嘉靖三十七年(1558)，义乌南边的隔壁永康县有个盐商叫施文六，经常运送食盐路过此处，他对于“八宝山”之名颇为纳闷，心想这里不会真的有宝藏吧？有一次，他摸到山里，就近勘察起来，只见八宝山山麓

小贴士

保甲：宋代至近代各地普遍设立的基层社会组织。保甲以户为基本单位，若干户为一甲，设甲长；若干甲为一保，设保长。保甲通常采用连坐制，主要职能是维持地方治安。宋明时期，义乌县的保又称“都保”或“都”。

有片小山包，山土的颜色看起来有些异样，比其他地方更明亮鲜艳，下面似乎埋有矿藏。施文六见此大喜过望，心想如果能挖到银矿什么的，肯定比卖盐划算多了。施文六回到永康后，召集了同伙方希六等共 90 余人，从永康向北出发，从一个叫枫坑的村庄进入八宝山。

施文六这 90 多人在八宝山盗采的举动很快被人知晓。这是由于枫坑有位村民，悄悄尾随施文六的采矿队伍，把矿徒的动向报告给了八宝山附近倍磊、平望两个村落的地方豪强。其中两位豪强叫陈大成、宋廿六，他们召集族人谋划说：“这群猪狗一样的矿徒，没什么真本事，光想着凭空发大财，现在在咱们眼皮底下盗矿，很快就要控制这片地方了，以后我们还有活路吗！”说干就干，他们带

小贴士

矿徒：名义上指非法采矿之人。明代矿山和其他山林泽薮类似，其归属是模糊的。这些公共资源往往被具体的人和组织控制、开发和利用，但是从理论上而言，只要没有登记纳税，就不具有法律认可的产权，因此往往引发各种纠纷。

着家族的年轻人到矿坑，把方希六、吕廿四等 14 位矿徒，绑起来押送义乌县衙。

义乌知县叫赵大河，是南直隶江阴人，时年 50 岁。他虽然自小熟读儒家经典，写得一手好文章，但同时也饱受科举考试的折磨，他 26 岁时已中举，但直到两年前即 48 岁时才考中进士。当时严嵩当权，看重赵大河的才华，想任命他为自己老家江西袁州府分宜县的知县，赵大河知道此地非同小可，于是找个借口推辞掉了，后来则改授义乌知县。嘉靖三十七年(1558)他刚刚就任知县不久，就发生了八宝山矿盗事件。赵大河了解到义乌这个地方民风彪悍，经常发生诉讼，而地方大姓在案件中上下其手，甚至诬告地方长官，必须适当加以打压。所以面对被押上来的矿徒，他就准备了一些说辞，说这批矿徒都是隔壁县的，大家都是乡里乡亲的，何必非得闹到公堂相见。当然，也可能因为他刚到任不久，更多想息事宁人。处理的结果是把这批矿徒教育一顿就释放了，并未加以惩罚。

没想到，知县赵大河的善意却被视为软弱，这些矿徒从此更加无所忌惮，从而在地方激起更大反弹。当年农历六月十九日，施文六又召集 1 000 多人盘踞矿坑，其中矿徒头领金周谢向来骁勇好斗，擅长使用飞刀，根本有恃无恐。他们在山林间遍插旗帜，打着纳税采矿的旗号，招引各地亡命之徒。陈大成仍督率族人子弟奋勇向前，与矿徒展开搏斗，捉拿了 11 人，这次他们直接将矿徒押解到上一级官府即金华府。知府李某对矿徒的态度十分强硬，他发布了一个告示，称只要在矿坑杀死矿徒的，不追究刑事责任。于是义乌人个个摩拳擦掌，组织人马前往八宝山“剿寇”。不久，知县赵大河知道不能再绥靖矿徒，也发布了派兵剿贼的命令。陈大成于是率领陈榆、陈禄、陈文澄等数百族人，追随赵大河上山。他们到八宝山的时候，已近傍晚时分。说来也巧，当时忽然下起了小雨，加上日光反射，矿徒正忧虑怎么应对官军，举目四望，只见山上一片红色，难以辨别敌情，不免一阵惊慌，士气大受挫折。义乌人急忙冲上山，杀死矿徒首领施文六、金周谢等 30 人，其余矿徒则溃散逃走。

随后这批矿徒收集残部，要来报父兄之仇，无奈人手不足。他们听说南方的处州人擅长矿冶，而且是远近闻名的强悍，于是他们把八宝山银沙掺入土矿，去诱骗处州景宁县、龙泉县一带的矿徒，谎称八宝山富有银矿，结果居然煽动了两县的杨松等 3 000 余人，浩浩荡荡前往义乌。他们农历七月二十一日到达八宝山后，砍伐树木，建立堡寨，掳掠周边乡村，沿山居民整日惶惶不安。于是，知县赵大河向各都甲、乡村传令，选拔乡兵进行防御，而

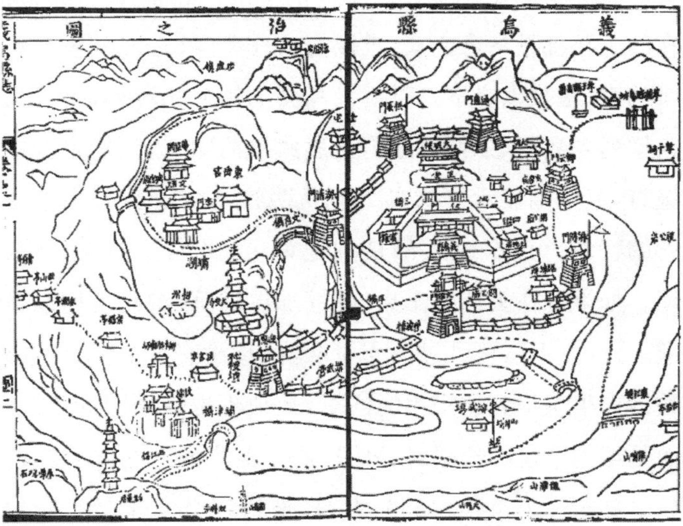

崇祯《义乌县志》之县治图

且只要杀死矿徒即给悬赏。在此命令下，陈大成等杀牛犒劳乡兵，宋姓豪强也各自拿出家财犒劳乡兵，于是陈大成带领 3 000 乡兵进攻八宝山。此一战，共杀死处州矿徒数百人，其余矿徒则解散遣返。

当时戚继光率军驻扎在镇海（今宁波），离义乌不远，他很快听说了义乌发生的大械斗。义乌人同仇敌忾和不怕牺牲的精神，就是戚继光理想中士兵的样子。因此，嘉靖三十八年（1559）八月，他向上级申请去义乌招兵，在《练义乌兵议》中，他称："没有士兵却侈谈战争，就好像没有胳膊手指却试图抵挡刀剑一样，根本是不切实际。现在的士兵都是乌合之众，难以有所作为；外地征调者又不听约束，也难以成事。听说义乌县的银矿招募矿徒，义乌人摆列乡兵与之对垒，他们虽然武器简陋，战死之人漫山遍野，但是也显示了义乌人同仇敌忾、民风彪悍、不惧生死的特质。且本地人都是种地为主，民风淳朴，适合鼓动。如果现在去选拔士兵，好好加以训练，绝对可以以一敌三，一支军队可胜过三支军队，何愁没有兵员？”这次练兵请求很快得到胡宗宪的同意，让他不再带领旧的部队，而是给他一定的权限，招募、打造一支新军。

嘉靖三十八年（1559）九月，戚继以分守宁、绍、台地方参将的身份前往义乌募兵。他当年才 31 岁，不过是年纪轻轻的一介武将，又是来自外省，虽然当时他已在浙江抗倭中崭露头角，但毕竟与地方接触不多，没有在地方形成多大威望，对义乌这种山区县的具体情况更是知之甚少。因此，一开始募兵并不顺利。义乌县所在的金华府知府担心本地人丁流失，甚至还贴出告示，阻拦乡民前去应募。除了地方官府不配合外，地方豪强随时可以纠集宗族乡党数千人，也有很大影响力。熟悉当地情况的人建议戚继光，除非先招抚地方豪强陈大成，否则不会有人来应征。戚继光虽然也听说过陈大成的名字，但是并不清楚他对军戎之事有多少了解。而且，如何招抚陈大成呢？

戚继光于是就去拜访义乌知县赵大河，请求他给予支持。作为知县，赵大河手中掌握地方的重要信息，便于征调人力、物力等各种资源；同时由于解决了处州矿盗的问题，赵大河在义乌县有很高的威望，地方豪强皆俯首听命。因此要在义乌募兵，如果能得到他的协助，势必事半功倍。两人见面，相谈甚欢，赵大河爽快地答应了协助募兵之事。戚继光后来评价赵大河“夙重义气，悃款慈仁，卓尔大雅”，就是说他重视义气、真诚仁慈、气度雅量。实际上，赵大河答应支持戚继光，除了有感于抗倭的民族大义之外，还有一个个人原因。嘉靖三十四年(1555)，当时他还在家准备会试，但是倭寇已流窜到家门口，由于倭寇发生内讧而四处烧杀抢掠，赵大河的房子也被焚毁一空，家徒四壁，其母年事已高，三餐都难以为继，他却不得不硬着头皮继续入京会试。对于国事家难毫无应对能力，让他深感内疚，他当时感慨说：“丈夫亦顾自树耳，头颅如此，奈何!”所以抗倭对他而言，是报家国之仇的重要时机，这不能不说是赵大河协助戚继光的重要原因。

有了知县的支持，戚继光更有底气了。他和赵大河一起去义乌倍磊村拜访陈大成，成功地劝说他出山，辅佐戚继光。至于怎样说动了陈大成，戚继光后来回忆说："我和赵大河给他们讲了君父水土之恩，更相劝诱。"换言之，就是晓之以大义，诱之以利益。大义就是守护乡土，保家卫国；利益就是战场立功，能封个一官半职，不仅光宗耀祖，还能封妻荫子。陈大成大概也没想到，自己文化水平不高，年龄又大，居然还能有扬名立万的机会，于是爽快地答应了。果然，他后来跟随戚继光在浙江平倭，立下战功，获授台州卫指挥佥事、浙江中军都司，后转任四川游击，并因此成为整个陈氏家族的骄傲，其事迹亦在家

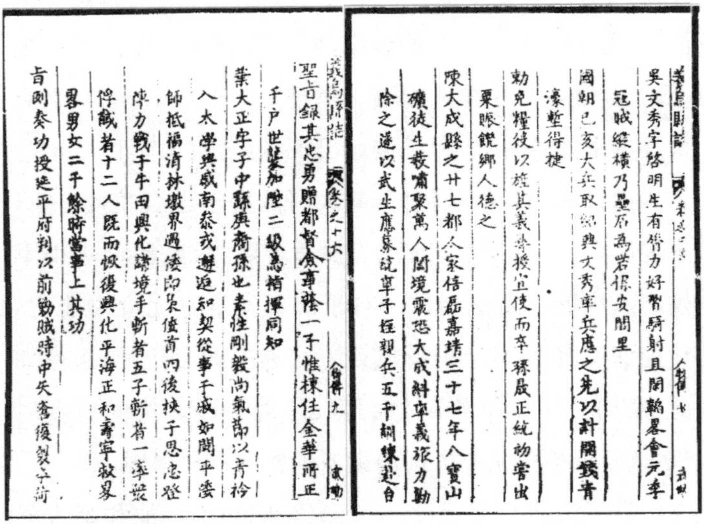
義烏縣志 卷之十六 人物傳七 武功
吳文秀字洛明生有膂力好習騎射且閑韜畧會元季
寇賊縱橫乃壘石爲砦保安閭里
國朝己亥大兵取婺興文秀率兵應之先以封關鐵青
濠塹得捷
勅免糧役以旌其義尋授宣使而卒孫敬正統初嘗出
粟賑饑鄉人德之
陳大成縣之廿七都人家倍磊嘉靖三十七年八寶山
礦徒生發嘯聚萬人闔境震恐大成糾率義旅力勦
除之遂以武生應募統率子姪親兵五千嗣隸戚台

義烏縣志 卷之十六 人物傳九 武功
聖旨錄其忠勇贈都督僉事蔭一子惟棟任金華所正
千户世襲加陞二級爲指揮同知
葉大正字子中縣庠裔孫也素性剛毅尚氣節以青衿
入太學興戚南塘戎避逅知契從事于戚如閩平倭
師抵福清林墩界遇倭即梟倭首四後挾于思忠登
陣力戰于牛田興化諸境手斬者五子斬者一奪獲
俘馘者十二人既而恢復興化平海正和壽寧叙畧
畧男女二千餘畸當事上其功
旨劄奏功授延平府判以前勦賊時中矢奮後裂于衙

崇祯《义乌县志》中陈大成、叶大正等将领的传记

谱中有浓墨重彩的一笔。倍磊陈氏在戚家军中担任军官的颇多。这是后话。

当时，在陈大成的示范和呼吁下，陈氏宗族子弟云集，纷纷应募入伍。这其实是明嘉靖年间较多出现的一种招募方式，即让地方豪强、庶民地主、闲散武官、下层官吏、失意文人、矿盗首领等率领亲属、宗族、家丁等集体应募入伍。这种招募方式在当时至少有三大便利之处。其一，它能够快速扩大兵源和招募到民间的将才；其二，它把宗族、同乡等地方关系纽带带入军队，加强了军队内部的凝聚力，尤其便于组织小分队；其三，它通过将地方精英纳入国家体制，为他们提供了一条向上流动的渠道；在倭寇肆虐、基层不稳的嘉靖年间，招募地方精英入伍还起到了避免资敌和安定地方的重要作用。

义乌募兵，让戚继光招揽到大批义乌本地的豪杰之士，许多人成为戚家军的骨干将领。据学者统计，这些义乌籍将领，像陈大成的事例一样，很多都是父子兄弟、宗族子弟一起入伍。例如戚家军将领中，叶大正、叶思忠是父子入伍，吴惟忠、吴惟贤是兄弟入伍，陈良玑、陈良琮是堂兄弟入伍，石希舜、石希凤、石文纲等也是兄弟入伍。另外，还有许多不确定亲属关系，但应该属于同一个宗族的金科、金福，还有楼必迪、楼南、楼大有等人。大多数地方豪杰是看到戚继光募兵，主动来投军报效的。例如义乌儒生黄宗统累试不第，知道朝廷募兵，于是到戚继光大营报效，戚继光跟他交流了用兵计谋，很多计谋后来都得到了应验，他后来官至游击将军。还有一位义乌平民朱文达，也获戚继光召见，二人聊了一整天，后来他由于战功卓著，累官至广东总兵、福建总兵。

戚继光募兵时据说还发生了一些奇异的事情。有一天，募兵的告示刚张贴出去，武器架上的佩剑就发出了“哗哗”的响声，差不多响了一个时辰，下属们都很讶异，难道有重要人物来投奔？果然，很快有矿徒首领王如龙前来应募。王如龙是义乌县田心村人，勇猛异常，当年36岁，带着一帮矿徒在山挖矿，他们本身有自卫的武装。他听说戚继光在招兵，就率众出山投军。王如龙手下的这批矿徒言行粗鄙，不懂得敬重官府，飞扬跋扈、不服管教的事情时有耳闻。戚继光想，这种情况就必须找一位能压得住他们的人物才行。刚好知县赵大河深得民心，而且掌握着地方人户的册籍，即使发生了逃兵事件，也能够按图索骥抓回来；如果发生不服管束的事情，也便于惩治。于是戚继光向制府胡宗宪报告，委任赵大河为监军，同时仍兼任知县。

应募者越来越多，就需要加以筛选。戚继光对义乌兵的选拔和组队，基本顺序如下：

第一步是选兵，尤其重视士兵的出身和品性。戚继光有所谓“三不用”的原则，即城里的居民不用、曾经败于敌人的不用、不畏官府的不用。换言之，他要的是朴实、勇敢、畏惧法令的农民。戚继光说，招兵最忌讳城市游手好闲、狡猾奸诈之人。只要看那些白白净净、奸诈灵巧的就是了。这些人，神情飘忽不定，蔑视官府，无所畏忌。第一等可用之人，是乡野老实之人，所谓乡野老实之人，就是看起来黑大粗壮，吃苦耐劳，手和脸都是皮糙肉厚，有田里劳动的肤色。这是第一等的兵源。有些选兵之人，倾向于以肢体高大、武艺精湛、力气大、行动伶俐等为选人标准，但是最关键的标准却不是这些，而是胆大勇敢。怎样判断新兵是否胆大勇敢呢？这要求选兵之人要会从精神、面相上判断。乡野之人畏惧官府和法律，方便驾驭，也易于鼓动，主将如果能恩威并用，这些人可为主将舍命。

第二步是对选中的士兵采取现场登记的办法。戚继光说，编立队伍，入选的士兵，其户籍、年龄、样貌、乡贯、住址等都要在一天之内登记完毕，而如果拖到第二天的话，这些兵恐怕又得换一半了。这是由于乡民都是刚刚汇集的，没有主见，听了熟人的介绍，一时起了投兵的念头，恨不得立刻入选；但是当军队开始强调纪律和要求，有人害怕遭祸，一时生了反悔之心，又想回家了。在选兵这个节点，他们是没有任何约束的，既没有领口粮，也没有什么东西能拴住他们，所以即便他们反悔也不用承担任何后果。因此，不当场登记的话，所选之兵就没法确定下来。所以选兵要在一天内登记完毕。登记的办法，是在募兵现场，立六块白牌，上面分别写六项内容：营伍编号、县份户籍、年龄长相、身高体力、居住地址和年月、登录文册。每个白牌下放一张桌子，两条凳子，供书手登记使用，每个入选士兵，依次到各白牌下登记信息。登记士兵数量够一哨，然后再重新开条，登记下一哨的兵。

第三步是由将领选取士兵组队编伍。招募来的义乌兵与卫所军不同，其编制属于营兵制，每哨有 48 人，包含 4 个队，每队 12 人。首先内定几名哨长，再由哨长选拔本哨的几名队长，接着由队长选拔士兵。每名队长在士兵中挑选队员 11 名，加上他自己，组成一支 12 人的小分队。其办法是：先给队长一张腰牌，在其中“习艺”空内填“领队”二字，同时给方形队旗一面。接着把队长及其腰牌，分别送各白牌那里填写腰牌内其余信息，即营伍编号、县份户籍、年龄长相、身高体力、居住地址等。填完之后，将本队其余 11 名队员，分配 1 人拿长牌、1 人拿藤牌、

小贴士

营兵制：明中期以后，招募来的士兵通常按伍、什、队、哨、总、营的单位编组(各地有差异)，军官则有伍长、什长、队长、哨官、把总、守备、都司、游击、参将、副总兵、总兵等，是为营兵制。与世袭的卫所军相比，营兵服役期限不长，通常战争结束即裁撤，国家亦不负责其赋役、家庭等问题。

2 人拿狼筅，4 人为长枪手、2 人为短兵、1 人为做饭的火兵。分派完兵器之后，即在队员各自腰牌的“习艺”框内填写相应兵器名称，然后由队长带领，到各白牌处依次填写腰牌其余信息。等全队的腰牌信息全部填完，则本队到最后一白牌处，把所有人腰牌信息全部登记在册，完成组队。

招募的每位士兵，从入选到登记到组队，需要在一天之内完成，而诸如士兵登记这些措施，基本上都需要知县赵大河的配合与协助。这次共在义乌募兵 4 000 余人，由此形成最早的戚家军。

这次招募之后，戚家军又经过几次扩编。第一次扩

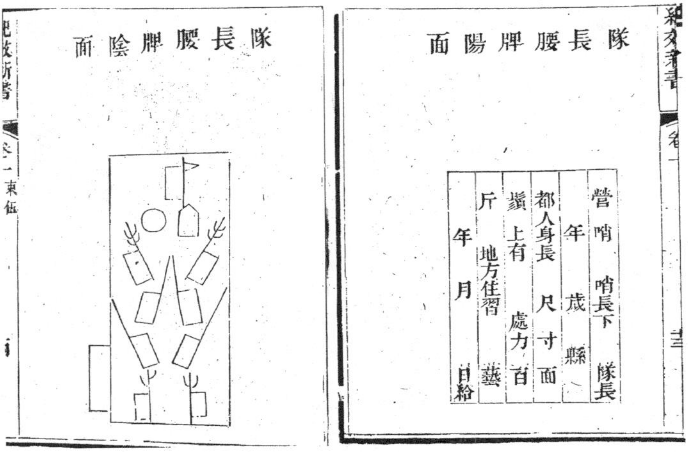

《纪效新书》所载队长腰牌的样式

编是嘉靖四十年(1561)入江西平定山寇之前招募了若干。嘉靖四十年五月到十月间,江西巨寇林朝曦劫掠吉安、赣州等地,影响所及,粤东、闽西山寇蜂起,百姓流散,地方满目疮痍。当时正在江西宜黄丁忧的谭纶给戚继光连续写了几封信,请求他亲自带兵前来。胡宗宪亦上疏请求派戚继光前往。戚继光为此提了十条要求,其中包括增加义乌募兵数,“新旧实收战兵非五千不可”,而且要求新旧兵要合营训练之后才能赴战场。

第二次扩编是嘉靖四十一年(1562)入福建剿倭之前招募了若干。嘉靖四十一年三月戚继光从江西剿寇归来，四月又在浙江温岭等处连续打了几场胜仗，浙江倭寇基本平定。不过，福建的倭寇、山寇却再次肆虐，沿海千里，警报频传。福建巡抚游震请求朝廷派浙兵支援，根据朝廷的安排，戚继光率正兵 6 000 人赴闽，督府中军都司戴冲霄率兵 1 600 人辅佐和策应戚家军。

第三次扩编是嘉靖四十二年(1563)第二次入闽作战前招募了若干。嘉靖四十一年(1562)，戚继光班师回浙之后，倭寇攻陷兴化府城，大肆屠掠。明廷诏俞大猷、刘显、戚继光等三位总兵入闽抗倭。戚继光于是上疏请求增加募兵数量，让义乌兵每人带一名福建新兵，这样能最快形成战力，新旧相加，至少需两万人。朝廷批准他和副使汪道昆一起赴义乌募兵。嘉靖四十二年(1563)二月，经过 16 日招募，共增加新兵万余人。当时还有个小插曲，戚继光要率领新募的士兵出义乌，当地的士大夫在郊外准备了酒肉，准备给戚继光一行践行，长长的队伍就要走过去了，还没看到主帅的身影，派人去打听，回报说："主帅混杂在偏将队伍中，早已走远了。"

经过几次募兵和训练，戚家军不仅在数量上激增，而且其领导权更是直接被戚继光掌控。他反复要求朝廷许诺他，三年之内这支军队以及各项制度不能变更。由于义乌兵是一支主要由农民、矿徒组成的非职业军队，所以戚继光建议朝廷，吩咐浙江巡抚赵炳然通知相关道台及府县官员，要把招募的义乌兵和其他职业军队一样看待，各种待遇、抚恤的条件一样，不能歧视；更不能因为这些人是招募来的，便强加额外的要求，以至于引发矛盾，挫伤士气。如果义乌兵中有把总等将领擅自打乱队伍，错过戍守日期，或自请调往其他部队的，都要允许他参奏从重治罪。他提出的这些要求，不仅有利于形成相对稳定的士兵与将领的关系，也有利于戚继光和将领形成相互信赖的关系。这种关系使得义乌兵类似戚继光的私家军队，他们所有人结成了一个相互信赖、荣辱与共的命运共同体。

在戚继光的带领下，义乌兵很快成为战斗力强大的军队，影响所及，当时“浙兵”“南兵”也都成为勇武善战的代名词。这种“武勇之名甲天下”的名声让人们对义乌有很大期待甚至误解，认为义乌人都是骁勇善战的。于是晚明时期，历次军事行动，如东南沿海抗倭、抵御蒙古侵扰、万历壬辰之役等，多从义乌募兵。据《义乌县志》记载，由于招募频繁，本地青壮年劳动力大减，甚至造成“十室九空”的严重局面。随着抗倭、抵御蒙古等军事行动的开展，散落在长城沿线和广东、福建等外省的义乌兵达数万。例如隆庆五年(1571)义乌县户籍上共 15 151 人丁，到万历九年(1581)人口调查时则实际只有12 930人丁,人口不增反减。万历十九年(1591)地方官府整顿里甲制度时,要求各里“报丁登册”,各里纷纷控诉称大量男丁都在本省外县与广东、北边等地,人丁难以足额。而且这些流失的人口,又大多是精壮的男性劳动力,不仅造成了大量土地抛荒,生产受影响,而且“父不得恤其子,兄不得顾其弟,妻不得有其夫”,造成很多家庭分崩离析的局面。可以说,朝廷频繁在义乌募兵,给这个山区小县带来了沉重的经济负担和社会问题。

由于义乌兵是招募性质,朝廷往往在战争之后把大量义乌兵解散,令其回籍,以减轻养兵的负担。但由于明后期频繁地在义乌募兵,使得许多人事实上成为长期的雇佣兵,他们散布在广东、长城等地,甚至形成了一些“义乌村”。比如在蓟镇长城戍守的义乌兵,由于离家乡太远,需要常年驻守,而不是像省内一样可以形成两班轮替。为了让北边的义乌兵能够安心驻守,朝廷允许士兵家属探亲乃至随军驻守。平时,军人在长城沿线训练、修墙、看守墩台或参与军事行动,而他们的家人则在山下自然条件合适的地方居住,久而久之,长城脚下形成了诸多义乌兵后裔居住的村落。

与士兵相比,将领的来源更加广泛。除了农民、矿徒出身的将领例如王如龙等人外，其他将领的出身还包括卫所武官、武生、生员、平民、吏员乃至罪犯等，而且将领也不限于义乌籍。根据学者对 49 位有稽可考的戚家军将领的梳理，义乌籍将领共有胡大受、陈子銮、朱文达等 26 人，占据了戚家军将领的一半以上。和义乌兵的庞大数量相比，义乌籍将领所占比例并没有特别高。此外，明确非义乌籍的将领有 18 人。当然，即便非义乌籍，他们绝大多数也是浙江人，例如张元勋是海门卫人，胡守仁是观海卫人，李超是太平县人，章延廪是杭州右卫人，杨文是临海人，吴良知是东阳县人，陈濠是绍兴人，景良忠是永康县人，金丹是嘉善人，陈文治是秀水人，骆尚志是余姚人等。有些将领在义乌募兵之前就是戚继光和谭纶的部下，后来长期跟随戚继光。有些将领则是戚继光率义

小贴士

义士：通常指地方发生战乱、饥馑等天灾人祸时，挺身而出，组织武装自卫或救助乡里的侠义之士。戚家军东南抗倭时，曾多次得到各地义士的协助。

乌兵抗倭中发现和培养的人才，例如“义士”胡良瑶跟随戚继光抗倭，“立有首功”，历任把总、游击等职。

当然，多年后，戚继光在给朝廷的一份奏疏中，述说了义乌兵和将领们的参军动机：“推测一下他们入伍的初心，难道仅仅是贪图每天的三分工食银吗？不是，他们之所以敢于深入凶险之地，在战场上以命相搏，所求的不过是立功的机会罢了。难道他们都是没有任何私心的忠义之士吗？不是，他们希望的，是立功之后，朝廷能记录他们的功劳，这样他们能有小小的官职留给子孙，有点微薄的俸禄可以荣耀家人。那些战场捐躯的将士，明明知道自己可能身死异乡，家中留下孤儿寡妇，但仍然冒死冲锋而不顾惜自身，也不过是指望朝廷能够抚恤他的后人罢了。”事实的确如此，戚家军的战斗力跟这些将领的出身与动机有很大关系。戚家军主要将领皆出身平民或仅有低级的功名身份，大多数人原本只能屈居乡村一隅，穷老一生，空有满腔抱负而无处施展。戚家军的成立给了他们施展才华、建功立业的机会，也给了他们提升社会地位、光宗耀祖的机会。很多人主动投军，战场上奋不顾身，为的就是积累战功，获得奖赏与升职。后来许多戚家军将领累官至都督、总兵等，获得了他们参军之前难以想象的人生成就。

第三章　沙场练兵　劲旅初成

虽然戚家军成立的目的是抗倭，但是从军事史的角度来看，其意义不止于此，它其实是一支按照新的军事理念和方法打造的新型军队。戚继光曾向上级申请，暂时把抗倭任务分配给其他将领，让他专心训练义乌兵。正如戚继光自己所言，这支军队一改此前绍兴兵的弱点，练了一个月差不多主帅就能驾驭和指挥了，到第二个月已经能按部就班操练了。嘉靖三十八年(1559)十一月，出于防御浙南山寇的目的，戚继光奉命带领招募的 4 000 余人进驻台州江边的演武场，山寇慑于其威名，闻声而退，而戚继光则继续留在此地练兵。从嘉靖三十八年(1559)九月戚继光赴义乌募兵开始，到嘉靖四十年(1561)四月组织台州保卫战为止，大约一年半的时间，是第一批义乌兵集中训练的时期。

戚继光的建军思想是实战中得来的。在他看来，军事操练唯一的目的就是在战场上取胜，因此，技术、战术

小贴士

演武场：亦称教场，是古代操练和检阅军队的场地，通常设立在城池之外、贴近城墙的地方，有阅兵台、旗杆台等设施。

等训练一定要从实际出发，完全按照战争的需要，仗怎么打，平时就要怎么训练。其实，戚继光刚到浙江时，曾考察过卫所职业军队的操演，他批评卫所将士平时演练的内容都是“虚夸”的花架子。他曾经痛心疾首地说：“如果军士平时习得的号令、武艺跟战场上一样，那么临阵之时就能立刻用上。平时多操练一天，就多一天的效果；多熟悉一件兵器，就多一件兵器的利益。现在士兵所练所学，都是虚套，跟战时的真法、真令、真营、真艺，没有一个字是一致的；临打仗时又出台新号令，跟士兵平时目见耳闻的都不一样。如此这般，就是操练一千年，又有何用？临阵时还是一介新手。再比如五花八门的武艺、兵器、列队、摆阵，全以杀敌为目的，岂是为了好看？现在阅兵，考查武艺，多是炫人耳目的花拳绣腿；查看阵营，多是各种华丽的花阵；把打仗视同唱戏一般，全是花架子。练武艺的弊病是不与对手真实对打，战阵的弊病是虚文盛行而营伍废弛。”

戚继光把军队训练的条目，从编列队伍，到号令、战法、行营、武艺、守哨、水战等所有练兵、练将、战法的环节，选择效果显著的、实用的内容，分门别类编为《纪效新书》。“纪效”的意思是此书是来自实践、可操作性强、效果明显的书，而并非道听途说的空言；“新书”的意思是其基本思想来自《孙子兵法》等古典兵书，但是并不拘泥于兵书，而是根据实际情况对古典兵法的实践和创新。该书作为戚家军练兵的实用教材或实操手册，有的部分印发给士兵看，有的部分印发给将领看，让他们每天、每月照此演练。由于士兵和将领的文化水平普遍不高，所以该书文句较为口语化，没有太多修饰的文辞，便于将士们理解。《纪效新书》作为军队的实操手册，从侧面说明当时的军队管理和军事操练都没有明确的标准，更没有培养军事人才的专门机构，因此戚继光的建军方案是历史性的突破。

戚家军采取了严格军纪和恩威并用的治军策略。纪律是戚继光最强调的方面，是一切操练的前提。他说：“既然带兵打仗都有现成的纪律，那么就要让士兵相信纪律的严肃性，你的命令才会有效；练兵的第一步就是强调令行禁止。”纪律包括训练纪律、战场纪律、对俘虏的纪律等，一定要让士兵懂得执行这些纪律，如果有违反，坚决依法惩治。在当时各路杂牌军无法无天甚至侵害百姓的大环境下，纪律严明的义乌兵无疑是一股清流。义乌兵“冻死不拆屋，饿死不掳掠”的军纪十分严格，例如行军中，规定不准擅入百姓家住宿，根据违反的程度，有捆打、连坐、斩首等各种处罚。严明的纪律不仅保证了军队的凝聚力与战斗力，也赢得了百姓的拥护。

在戚继光看来，要建立一支能打胜仗、敢打胜仗的新式军队，需要注意三个方面：一是练兵，二是练将，三是武器装备。

练兵的具体训练内容，包括训练耳目、手足、比较、营阵、行营、野营、实战、胆气、舟师、守哨等内容。练耳目就是练习号令、旗鼓等军事信号系统的使用。戚继光设计了一整套旌旗和旗鼓，例如练号炮部分，规定举号令之前，先放一声枪，提醒士兵注意，要发号令了。根据号令内容，号炮分为升帐炮、升旗炮、肃静炮、呐喊炮、开营炮、分合炮、闭营炮、定更炮、变令炮等。号炮实际上是明代的一种三眼铳，既可以做火器，也能做号炮，方便携带。戚继光规定各官兵只能根据金鼓的声音和旌旗的颜色行

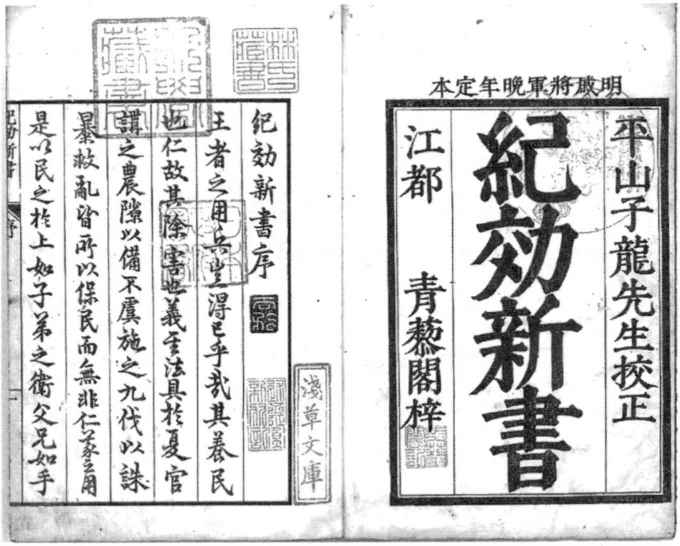

《纪效新书》一个版本的书影

动，如果鼓声不绝，即便前面是刀山火海，也要勇敢闯入；如果鸣金收兵，即便前面有金银财宝，也不许擅自拾取。如果将领要差人传令，必须有令旗、令箭、令票这三样信物，如果没有信物，即便主将亲自过来，各营官军也不准听从，甚至可拒绝其出入。

练手足即练兵器。兵器被视为士兵的爪牙，需要远近长短配合使用。每队士兵必须有长器，以便御敌于外；同时也须有短器，以便近身缠斗。每队站最前面的刀牌手，除了近器刀，还配给一支镖作为长器。第二位狼筅手，除了长器狼筅，还配给一把腰刀作为短器；第三位枪手，除了短器枪，还配有弓箭作为长器。第四位镋钯手，除了短器镋，还配有火箭为长器；第五位火头兵，则只有扁担和一把短刀作为短器，没有长器。另外，根据不同的地形和战场形势，运用不同的兵种和兵器，例如南方河汉众多，应以步兵为主，对阵武器以鸟铳和弓箭为上，格挡倭寇长刀则狼筅效果良好。

比较即操练与考核。按照明朝军政的规定，正规军队通常是操三歇五，即每操练 3 天就歇 5 天，每个月可以有 10 天用于操练。募兵往往客居在外，与本地土军民壮需承担差役和照顾家室不同，他们通常比较清闲，于是戚继光规定义乌兵每月练 15 天，歇 15 天。一般而言，是练习武艺 3

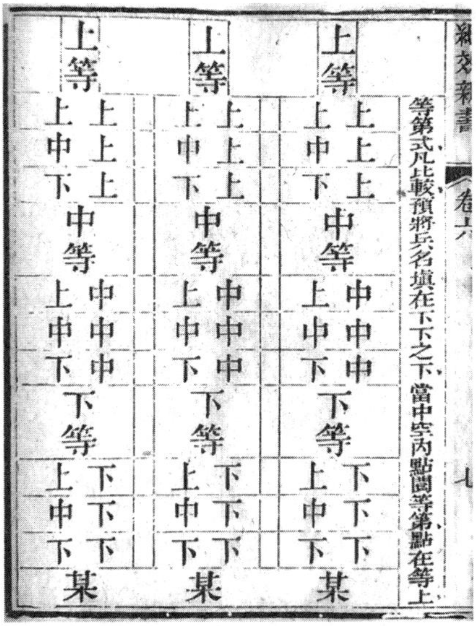
紀效新書 卷六

等第式凡比較預將兵名填在下下之下，當中空內點圈等第點在等上

上等	上等	上等
上 上	上 上	上 上
中 上	中 上	中 上
下 上	下 上	下 上
中等	中等	中等
上 中	上 中	上 中
中 中	中 中	中 中
下 中	下 中	下 中
下等	下等	下等
上 下	上 下	上 下
中 下	中 下	中 下
下 下	下 下	下 下
某	某	某

七

戚继光《纪效新书》中的单兵考核表

天，演练阵营1天，考核1天，这样算作一轮，由各营把总进行考核。考核时，士兵每人表演长器1件，短器1件。例如鸟铳手，除了鸟铳这种长器外，还要比双刀。考核时，有专门印刷的三等九则的考核表，填入士兵名字与考核结果。然后根据每位士兵的考核结果，确定全队、全哨、全营的考核等级，实行集体负责制。根据考核结果，负责练兵的将官、把总、哨官等都有相应奖惩。

除了以上这些技术性的训练，戚继光还十分重视训练士兵的胆气。所谓练胆气、练心，就是让士兵明白他们为何要在战场上奋不顾身、勇往直前。按照通俗的讲法，就是军队要做思想政治工作，这是戚家军战斗力强大的重要原因，也是戚家军的特色之一。戚继光的做法主要有三个方面。

首先是让士兵们明白其职责所在，即保国卫民。戚继光在训话中常告诫士兵们应懂得感恩，他说："就是遇上刮风下雨，训练停歇，也不会少你一天三分银的薪水。这些薪水都是官府从地方百姓那里征派来的。你们在家的时候，哪个不是种田的百姓？你思量当时缴纳赋税的艰难，就知道今日坐领薪水的容易。现在国家不用你耕田劳作，养了你一年，不过指望你遇到一两次阵仗，能上前冲杀。你不肯杀敌保障国家，国家养你何用？就算是逃避了军法制裁，上天也不会放过你！”战场尽力杀敌，不仅会受百姓拥护、官府敬重，更重要的是对得起自己的良心。

其次，对待士兵要公正公平，赏罚分明。立功者即便与将领有私人恩怨，也要照样赏赐；违反军令者即便是亲骨肉，也要依法严惩。这样赏一人就会使千万人振奋，罚一人就会使千万人警惕，从而达到团结将士、树立威望的目的。戚家军在操练、行军、战场等各个环节甚至连上厕所都有详细规定。戚继光反对滥杀，但他重视杀一儆百，以确立士兵对军纪的敬畏之心。据说，戚继光曾亲自处死他违反军纪的次子。再比如，嘉靖四十一年（1562）九月的莆田林墩之战，由于奸细的误导，戚家军陷入一场恶战，伤亡惨重，士兵稍稍退却。现场督战的戚继光手刃哨长刘武等 14 人，才使得攻势得以继续，并最终获得胜利。另外一次，他从浙江调 3 000 义乌兵北上蓟镇，到了城外，遇到大雨，数千人居然丝毫不动，让北方的将领大为讶异。严峻的纪律使得部队总是能够遵从主帅的安排，攻坚克难。

再次，要爱护和保护下属，重视他们的利益。戚继光强调将官要身先士卒，平时与下属同甘苦、共患难，诚心实意地爱护他们；通过教育和感召，取信于士兵，这样的话将士之间就会建立一种信任感，士兵就会爱护将领胜过自己的生命。每次战斗之前，戚继光都会和将士们约定，战斗进行中不准割取敌人首级和抢夺财物，所有这些由善后部队进行，斩首所获奖赏全员均分。为了鼓励将士勇于攻坚，他经常在战前约定慷慨的奖赏，最多的一次，他甚至许诺拔得头筹者奖励一万两白银。战后，他会为立功的将士争取军职和奖赏；对战死的将士，则给予丰厚的抚恤金。有时候朝廷没能及时兑现奖励，戚继光甚至自掏腰包。如果牺牲的士卒较多，他通常会为他们举办超度的仪式。在戚继光看来，士气就是战斗力，只有将士一心，士兵才会知恩图报，保持昂扬斗志。

除了训练士兵外，戚继光还强调要培养德才兼备的将领。他认为练将甚至比练兵更为重要，他曾说“必练将为重，而练兵次之”，而练将主要是训练其心术、志向、职业操守等。

戚继光提出“将德”的概念，他要求将领要忠君爱民，立志报国。这体现在几个方面，首先将领要“以实心行实事”，心心念念的都应该是如何忠君、卫国、敬人、强兵、爱军、恶敌。将领要把人民和国家挂在心上，把兵马看成是保国安民的工具。然后要立志向，要多看记载名将事迹的《百将传》，效法历代名将的人品、心术和事业。再次要明生死，将领要临阵不惧，视死如归；要明白人之寿命自

小贴士

《百将传》：又称《正百将传》《十七史百将传》，是南宋冀州东光人张预为100位历代名将撰写的传记，该书以《孙子兵法》为指导思想，侧重描写将领们的谋略、战法并加以点评，对后世影响颇大。

有数，重要的是死得其所；为国为民而死，会受到祭祀和纪念，虽死而犹生；战场同仇敌忾，奋勇杀敌，反而会有更多生机。然后是辨利害，将领不能只想着升官发财、迎合上司而对实际军务百般不上心，要明白公道自在人心。

除了要立下志向，将领还要爱岗敬业，忠于职守。戚继光说，有些世袭的卫所武官认为人生不必努力，自然有祖上留下的官职，有国家发放的俸禄，导致不懂得珍惜自己的职位，结果不仅不能光宗耀祖，甚至连祖传的职位都要丢掉了。他认为武官要爱惜官箴，将领要有敬业之心，戚继光以农夫种田为喻，农夫春天按时播种，辛勤耕耘，到秋天才能有所收获；将领也是如此，士兵遇到疾病患难等事，要加以慰问和调查；军器有损坏的要加以修理；编队有紊乱的要加以清理；烽火等情报系统和城墙等防卫工事，有空就要巡视和修缮；公文要时常核查，没完成的事要迅速处理；不管昼夜，都不能拖延军机事务。有备无患，才能治理好军队。

戚继光认为将领要精通兵法，熟习武艺，重视本职工作。那些识字的将领，应该在空闲的时候，翻看各种兵法和将领传记，养成每天晚饭后一定要看几页书的习惯。睡觉时，要仔细回味阅读内容，有不懂的要向别人请教。不识字的，要尽量请别人代读并讲解。另外，将领要懂得根据不同的地形，采取不同规模的作战模式，减少个人单打独斗、辗转腾挪的“花法”，重视队员相互配合的“正法”。将领不要以年龄大为借口，而拒绝学艺；将领应对于行军打仗的所有方面都要有所了解，“一事不知，则一事废”，尤其火器、舟船、马匹等复杂器具的运作、调教、使用，更要花功夫了解。

将领的另一项本职工作是带兵与用兵，要做到恩威并用，万人一心。作为士兵仰赖的对象，将领要正名分、严节制，同时要爱士卒、教士卒。一方面，部队里要强调上下级的威仪，维护“参将—把总—哨官—总旗—队长—士卒”指挥系统的严肃性。上对下要负责，要爱护，要做好榜样；下对上要敬重服从。这样整支军队才能像人的身体、手臂、手指一样成为有机的一体。另一方面，将领要与士卒同甘苦，共患难，要对士兵施以恩惠，不能光自己享受，不顾士兵死活；将领要以身作则，凡是礼义、名分、行伍、进退、阵营、武艺等，都要传授给士卒，让他们得以成长；恩威并用的同时，要申明赏与罚的理由，让士兵心服口服。

此外，他认为将领还应具备各种道德品质，包括重视操守、提高修养、勇猛精进、无欲而刚等。为此，将领不能把心思都用在追求钱财货利上，要抵御萎靡之音和美色的诱惑。另外，将领要经常访问调研，听取各方意见；不能妒贤嫉能，贪图别人之功劳；要实事求是，不能不顾实际逢迎长官，搞形式主义；要设身处地，包容别人；要谦虚谨慎，不萎靡颓废，不怨天尤人。戚继光认为将领作为万千士卒的表率，尤其要重视道德修养，治军和打仗中的许多失误，都因将领不修操守所致。

除了练兵与练将，重要的还有实战训练。此前明朝的军队普遍强调个人武艺，往往从各地招募了不少武艺高强之人，但他们的抗倭成效远不符合预期，表明打仗并非取决于单兵武艺，而是需要整体的相互配合。其实戚继光并非不重视单兵武艺，他很赞同“艺高人胆大”的

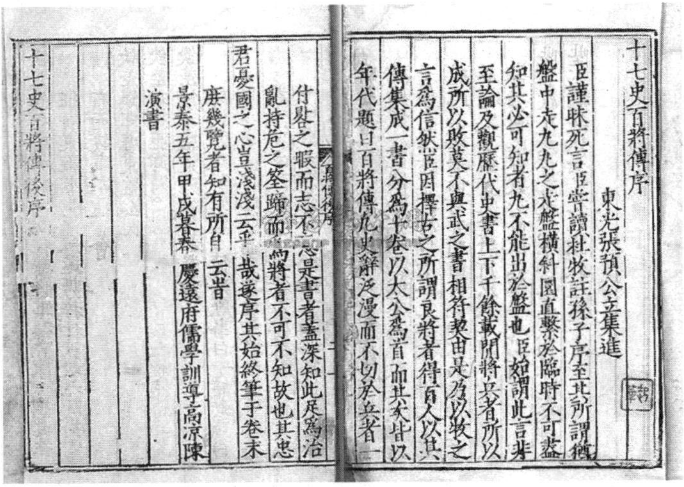

十七史百將傳序

東光張預公立集進

臣謹昧死言臣嘗讀杜牧註孫子序至其所謂猶盤中走丸丸之走盤橫斜圓直繫於臨時不可盡知其必可知者丸不能出於盤也臣始謂此言非至論及觀歷代史書上下千餘載間將兵者所以成所以敗莫不與武之書相符契由是乃以牧之言為信然臣因擇古之所謂良將者得百人以其傳集成一書分為十卷以太公為首而其次皆以年代題曰百將傳凡史辭泛漫而不切於兵者一

……之暇而志不□心是書者蓋深知此足為治亂持危之□□而□將者不可不知故也其忠君憂國之心豈淺淺云乎哉遂序其始終筆于卷末庶幾覽者知有所自云耳

景泰五年甲戌暮春 慶遠府儒學訓導高涼陳演書

十七史百將傳後序

戚继光希望将领们阅读的《百将传》

说法，平时训练的内容也包括单兵的手法、步法、身法和批、迎、切、磋等等技术。不过，戚继光认为开大阵、对大敌，跟平时比试武艺或捉拿盗匪毕竟不一样，堂堂的大阵仗，千百人列队前进，勇敢之兵不能抢先，怯懦之兵也不能落后，枪林箭雨，哪容得下个人左右跳跃甚至往回撤，因为个人乱动会打乱队形和阵法，影响到其他士兵。与单兵武艺相比，戚继光更强调集体主义和相互配合。

既然要做面向实战的训练，即便行军扎营这样再普通不过的事情，戚继光也都进行了非常详细的规划和设计。他在《纪效新书》的“行营”部分，规定行营时，各级将领和全体士兵都要起誓，申明要齐心杀贼、遵从军纪等内容，起誓书由主将收藏在官。士兵和将领要签保证书，士兵如违令退缩，弃主将于不顾，要自愿偿命。此外对于起营、请火器、传号令、清队伍、解手、收病兵、捡到失物、带干粮、住宿、遇水、过山、放哨、巡视、辨奸细、购买物资等环节全部都有详细规定。关于野外扎营，戚继光对扎营方法、设埋伏、取水、砍柴、购买蔬菜、上厕所等也有详细规定。阅读这些事无巨细的规定，如同身临其境一般，有很强的现场感，可操作性极强。

嘉靖三十九年(1560)春即第一次义乌募兵几个月后，戚继光就创制了“鸳鸯阵”。由于江南地区沟岔较多，士兵难以并肩行走，所以戚继光创制了这个长兵器、短兵器夹队而行的阵法。鸳鸯阵每队 12 人，站最前方的是队长，统领全队进攻。队长后面两位持藤牌，再后面两人持狼筅。狼筅有铁制和竹制，外形类似连枝带叶的大毛竹，长 5 米左右，外加铁制尖头，其特点是层深枝密器长，能较好地防御倭刀。再后面四人持长矛，再后面二人持短兵器镋，这是一种形似鱼叉的铁制兵器，2 米多长。最后是负责砍柴烧饭的火头兵。与单兵作战模式不同，鸳鸯阵的兵器都是相互配合使用，互为犄角，有进攻、格挡、击刺等各种功能。

鸳鸯阵是戚继光抗倭屡试不爽的主要战法，这种战术尤其需要队友紧密配合。战斗时，前面两个盾牌平行；狼筅各跟一个盾牌，保护持牌人的后方；其后两支长枪要守住前面的盾牌和狼筅；后面一支镋则作为短兵器击刺，如果前面的长枪扎过了头，则镋要立马补上。听到进攻的鼓声，持盾牌者就要持牌低头前进，如果迟疑不进，就以军法处罚。本队其余士兵要紧跟着盾牌手前进，两军交锋，狼筅救藤牌，长枪救狼筅，镋救长枪。如果这种战术运用得法，则如五行相生；如果运用不得法，则如五行相克。

戚继光还设计了鸳鸯阵的几种变换方式。除了最前面的队长和最后面的火头兵，其余两两交替错开，左右每边各有 5 人。这样的话，一个鸳鸯阵可以分为左右两排，每排 5 人，号称“五行”；左右两队合起来，则号称“两仪”。另外，还可以将持盾牌 1 人、长矛 2 人单独组队，这样就会多出来两个阵，加上原来的鸳鸯阵则为“三才”。无论是 10 人组队的“两仪”、5 人组队的“五行”还是 3 人组队的“三才”，都是“正”“奇”相互配合，既有中间的正兵，又有两边的奇兵；正兵主要从正面进攻，而奇兵则在两翼协

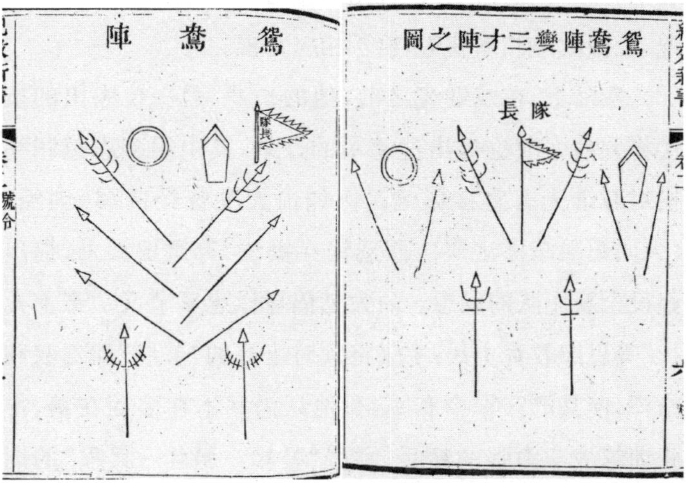

《纪效新书》所载鸳鸯阵及三才阵

助，避免被包抄。

戚继光《纪效新书》"实战篇"中，强调实战的关键是节制队伍，并采用了连坐这种集体责任制。如果上级将官不退，则下属均不准后退，否则斩首。每一小队 5 人，1 人当先。战场上，如果一队被围，则其他队要救援，如果因为见死不救而导致该队队长阵亡，则不救的队长亦斩首。在战斗中间，不准拾取财物，要以克敌制胜为目标。战胜后，将继续追击敌人，听到本哨将领发出撤兵信号，才能整队收兵。此外，对于投降人口、所获俘虏，不许擅自杀害，否则偿命。战后，则要报告本军战伤和阵亡的情况，上报战绩和缴获等，给予相应赏银。

实际上，在戚继光之前，他的长辈、另一位杰出的抗倭将领俞大猷也提出过建军的计划，其中很多思想和举措对戚继光有直接影响。例如俞大猷曾经撰写《剑经》《大同镇兵车操法》《广西选锋兵操法》等重要兵书，提出建设全新军队的设想。俞大猷倡导以忠孝节义、“亲上死长”等思想教育士兵；主张将领对士兵的“节制”即驾驭和指挥，使其严守军令和军纪；他认为兵不在多而在精，主张训练战斗力强的精兵；主张“技精—胆壮—兵强”的训练逻辑，重视单兵技术和无所畏惧的胆气；他自创了“叠阵势”“夺前蛟势”“满天星势”等阵法；他主张士兵待遇倍

小贴士

《**剑经**》：俞大猷所著实用军事训练教材，也是中国最早的一部棍法。愈大猷认为棍法为各利器之本，视棍为剑，他主张个人武艺和用兵打仗一样，都是正奇相倚、攻防兼备、动静结合，是中国传统文化和技击体系的重要体现。

增等。这些举措对戚继光都有重要启发，例如他十分推崇《剑经》中的“俞公棍”，并作为长兵器对打的训练之法；俞大猷严纪律、重节制、练胆气等理论也被戚继光吸收并发扬光大；他提高士兵待遇的设想也被戚继光继承了下来。

与戚继光相比，俞大猷的建军设想更加宽泛。例如他为了要压制倭寇的海上力量，要求在福建、广东沿海打造一支强大的水师，这支水师有数万人之众，战舰数百艘之多。他还主张，为了要打造精兵，一名士兵应该享用双份的薪水，这样他们不仅能养活妻儿老小，平时也能够吃饱穿暖，衣食无忧；对于各卫所、州县的优秀士卒，官府还应当免除其所有杂役，确保士兵的训练时间。可是，许多建议已超出他个人乃至军事系统的能力，而是要牵涉到各级地方政府乃至整个王朝的社会动员体系、财政系统、机构改革等。另外，打造一支超然于社会之上的职业化的雇佣兵，很可能带来更多的政治与社会问题。这些皆属于将领个人力所不及的因素，使得俞大猷的上述许多建军思想难以落实。

戚继光与俞大猷的建军方案不尽一致，前者的方案更加贴近现实。他只规划他职责范围内、自己可以掌控的事，也就是如何练兵、如何练将、如何行军打仗。对于超出其职责范围的事情，例如募兵制度、军需供应系统、后勤保障体系等，他都没有具体计划，他的部队也没有专职的后勤保障人员。戚继光解决这些问题的办法是通过向朝廷提建议、依靠高级官员的协调、与地方官进行合作等，很多措施严重依赖私人关系。这样做的效率自然不会太高，甚至会影响到军队的战斗力，比如各州县供应的武器参差不齐，鸟铳的枪管常常炸裂；有的火炮导火线无法点燃或炮弹与炮管尺寸不一致等。再比如，由于没有行之有效的、制度化的奖惩体系，每次打完仗之后，他都要花费很多工夫，为将士们请求升职和奖赏的机会。诸如此类的问题不胜枚举，戚继光为了避免被人事掣肘而无法施展其军事计划，有时甚至需要讨好当权者，以至于最终卷入了明朝的政治冲突，这实际上限制了戚家军的发展。不过，从另一个角度而言，由于戚继光没有不切实际地试图改变明朝制度，而是在现有制度的框架内做力所能及的事，也使他的军事改革取得了成功。

第四章 浙闽连捷 海疆底定

嘉靖三十九年(1560)春三月,戚继光被任命为分守台、金、严等处地方参将,驻扎松海。戚继光申请以浙江按察司佥事、兵巡道唐尧臣监督海防事务,协助他处理军需以及和其他部队配合等事情,两人紧密合作,保障了抗倭的顺利进行。由于暂时没有倭寇入扰的重大事件,戚继光就利用这个机会,进行充分的练兵和战备。他上

小贴士

兵巡道:明代省级司法监察机构按察司设按察使、副使、佥事、经历等职级,其中按察司副使、佥事等亦分辖各自区域,称分巡道。类似地,如果按察司副使、佥事分辖军事要地的兵马钱粮等军务,则称兵备道。如果分巡道兼军务,则称兵巡道。

任后，亲自到海上勘察形势，征求相关人士的计谋，思考战守方略；修缮亭邮、烽堠，设置间谍，完善信息传递系统；打造各式兵器，准备水师舟船，完善武器装备；清理军丁户籍，保障兵源供应。可谓是厉兵秣马，枕戈待旦，做好了随时抗倭的准备。胡宗宪作为顶头上司，也给予了戚继光充分的信任，比如曾经有一位监军赵某，向胡宗宪进谗言，被批评了一通，悻悻离去。胡宗宪看到戚继光练兵卓有成效，又向朝廷献策，停征各地客兵，以后专门以浙江本地人抗倭；他还建议把戚继光长期留在本地，并建议留好了浙直总兵的员缺，作为戚继光日后立功升职所用。

《倭寇图卷》中正在劫掠的倭寇

嘉靖四十年(1561)的台州之战是戚家军成立之后的第一场大战,真刀真枪地检验了这支新军的战斗力。当年四月,先后有数股倭寇陆续在台州附近沿海登陆,即便是戚继光,一时也难以判断其真正意图。首先是四月十九日,一伙倭寇从浙江象山、奉化、宁海登岸,蹂躏乡村。戚继光派把总楼楠、指挥刘意驻台州,百户胡守仁、张元勋驻海门,戚继光自己则带兵去支援宁海。不料二十三日,突然有另一大股倭寇从桃渚附近登陆,盘距桃渚。次日,桃渚倭寇分流数百人进犯新河。新河是戚继光妻子居住的地方,守城精锐都出征去了,留下来的又多妇女老幼,手足无措。戚妻则命士兵打开武器库,让妇女们都穿上军装充数,和守城的士卒在城墙布满旌旗,城头一片喧闹,居然暂时把倭寇震住了,没敢直接攻城。这边,戚继光赶紧传令楼楠、胡守仁率军赶赴新河,兵巡道唐尧臣也派部下驰援。双方在新河城下短兵相接,倭寇抵挡不住,后撤到寺前桥一位鲍主簿的宅邸,当作巢穴。唐尧臣采用戚继光的方略,以楼楠、胡守仁为中军正兵,刘意为右哨,张元勋为左哨,临海典史、太平知县、黄岩知县和主簿等地方官负责策应和后勤,严阵以待。从当天下午到第二天,双方对阵了两次,后敌人趁机流窜,被楼、胡等部在温岭新塘等地击败。

小贴士

主簿、典史：明清时期，事务繁杂的县份有时设立县丞或主簿，作为知县的佐贰官，分掌本县兵马、钱粮诸事。而典史则是书吏首领官，统领县衙吏、户、礼、兵、刑、工等六房书吏，办理日常事务。

戚继光当时还在去往支援宁海的路上。到了宁海附近的梁王铺，夜里忽然眼皮跳动得厉害，他急忙起床。这时，他收到了唐尧臣发来的急报，告诉他桃渚敌人的走向。戚继光据此判断，敌人真正的目标应该就是台州府城，于是连夜南撤。到了桐岩岭，戚继光测算一下，桐岩离台州 70 里，敌人所在的桃渚离台州 180 里，敌人怎么赶得及到台州决战呢？心里不免纳闷。第二天中午，他们紧赶慢赶到了台州城下。由于临时改变计划，士兵带的干粮头天晚上都已吃光，他们希望赶紧入城进食，但是守城的将领刚刚吩咐士兵不得打开城门，双方吵成一片。戚继光从后面赶了上来，佯装发怒说："你们是反了吗！贼寇快到城下了，你们却跟守城者吵吵着要入城，如果被报告上去，你们都是死罪。”大家都说：“守城的以为我们怕了吗？我们消灭贼寇再入城进餐吧。”台州知府也知道将士们饿得厉害，就把粮食送到城外，火头兵刚刚要埋锅造饭，就传来了倭寇到来的消息。原来，敌人的奸细打探到台州府城城墙损坏的消息，试图悄悄地袭占，所以这些倭寇一路偃旗息鼓地急行军，已经到了离城二里的花街。

戚家军这边迅速摆好了阵势。丁邦彦、景良忠为前锋左哨兼左伏，陈大成、王如龙为前锋右哨兼右奇，陈濠、胡大受为中哨正兵。知府王可大率民兵为后应。各部列队向前，到了花街，只见众倭寇列阵以待。戚家军前锋用火炮和鸟铳攻击，其余各兵列队前攻。倭寇头目左手拿长矛，右手拿刀冲来，势不可挡。戚继光拿出自己的银色铠甲，约值200两白银，他对众人说：“谁能击败此贼，这件铠甲就是奖赏，列为首功！”壮士朱珏应声而出，撸起袖子就往前冲，一枪折断倭寇长矛，再击则折断其刀，击杀倭寇头目。敌寇分左右哨发起冲锋，戚家军的左右哨接住厮杀。当时，旌旗猎猎、鼓声阵阵，戚继光根据战场形势，随时指挥其他奇兵、伏兵入阵。敌人眼看渐渐不支，又玩起了旧把戏，丢出银钱，想要迷惑戚家军捡拾，不料戚家军根本不吃这一套。敌寇惊愕：“这是什么神兵？”纷纷溃退。明军一阵追杀，陈大成追敌至瓜邻江，丁邦彦追敌至新桥，淹死敌寇众多，两路合计，共杀敌 308 人，生擒头目 2 名，释放被胁迫的百姓 5 000 余人。戚家军这边，阵亡的只有 3 人。凯旋时，火兵做的饭刚熟而已。台州人都很讶异，纷纷称赞戚继光用兵如神。台州这一战，义乌兵士气大振。

就在台州之战进行之时，另一伙倭寇 2 000 余人，驾船 18 艘，从泊健跳所登岸。五月初一抵达台州城东面的大田，准备进攻府城。戚继光做好了调兵遣将的安排，并让赵大河跟将士们做了思想动员，他也跟士兵约定不割取首级、不掠取敌方辎重、不随意斩杀胁从，同时重赏冲锋者，目的就是以最快速度击溃敌军，赢得战役。军队行到大田，因大雨双方未直接交锋。初三日，倭寇沿山路往仙居县方向逃窜，戚继光判断上峰山—白水洋是其必经之地，于是派军从较近的大路出发，抢在敌人之前埋伏在上峰山，士兵都用松枝伪装。初五日，敌人果然列队走到上峰山，明军待其过半，忽然冲出，放枪呐喊，由高处往下俯冲。敌人抵挡不住陈大成等戚家军前锋的冲击，从一座小山奔往一座大山，最后逃到上界岭，这里是悬崖峭壁，只有一条小路上下。戚家军哨官娄子和、吴惟忠等率敢死队，持盾牌长枪仰攻，敌人被压制，坠崖而死的很多，剩下的攀岩而下，逃到白水洋一户人家。明军追及，四面举火围困，烧死不少倭寇；对挥刀往外冲的倭寇，则施以鸟铳、狼筅。此战又大获全胜，共计杀敌 344 人，生擒头目 5 名，释放百姓 1 000 多人，而戚家军只阵亡 4 人。

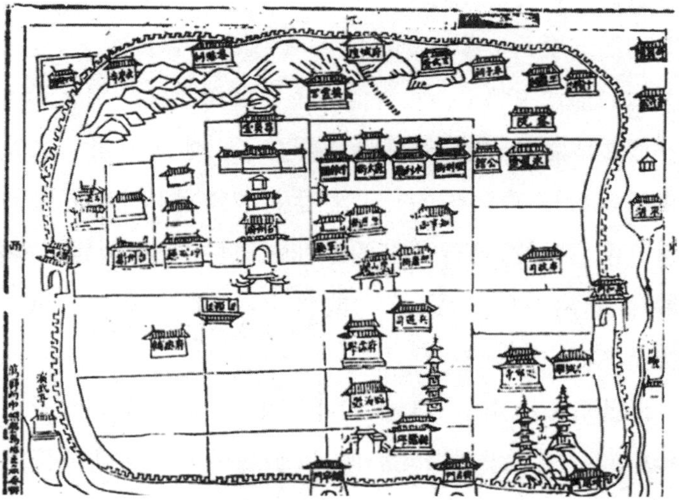

弘治《赤城新志》之台州府城图

初六日，凯旋台州府城，台州老百姓都出来围观，队伍绵延 20 余里，欢声雷动，大家都称赞戚家军救民于水火。兵巡道唐尧臣上书朝廷报捷，称赞戚继光有古名将之风，而且特别表扬了戚家军的“兵德”，他说：“以上的几次战斗，有五种兵德；第一是弃首级于不顾，一往无前，以全胜为目标；第二是弃金钱于不顾，敌寇不能引诱士兵捡拾；第三是被胁迫俘虏的百姓，解散放归；第四是包围火攻，对于财物、首级任其焚毁；第五是三军一心，绝对遵从军令。我认为东南各支土著兵，都无法超过这一支！”这些表面上看是士兵的操守，其实是戚继光纪律严明、恩威并用的结果。士兵不贪战利品，不仅因为畏惧军纪，也因为他们信任主帅不会亏待他们。在后面几日又剿灭了几小股倭寇之后，戚继光就论功行赏了。他向上司胡宗宪申请，给予冲锋陷阵的杨世潮等 22 人“冠带”，即低阶的世袭武官职位；杀贼较多的朱珏、杨世潮等各给赏银 50 两和 20 两银牌一面；阵亡的将士，也都给予丰厚的抚恤金。

此后戚继光率部赴江西剿灭山寇，直到嘉靖四十一年(1562)三月才回浙江。四月，小规模的倭寇陆续侵扰温州，戚继光帅部在水涨、温岭等处将其击溃。由于连战连捷，浙江倭寇基本平定，其余倭寇也不敢再来侵犯浙江。戚继光威名大振，浙江的官员、士大夫为戚继光创立生祠，立戚继光的塑像祭拜，立碑纪念他的功劳，墙壁上都刻满了颂扬的诗歌。

与浙江相比，南边福建的倭寇问题更加严重，多年遭受倭寇屠戮抢掠。嘉靖三十七年(1558)倭寇攻陷福清，嘉靖三十八年(1559)攻陷福安、福宁,嘉靖四十年(1561)攻陷宁德,嘉靖四十一年(1562)攻陷永宁。倭寇在福建形成了两个大本营,一个是宁德外海的横屿,一个是福清的峰头。加上宁德张湾等地的奸民里通外国,内地山寇趁机劫掠,致使福建沿海地区,从福宁到漳州、泉州,遍布倭寇的巢窟。驻守福建的明军无力剿寇,全省形势十分危急。朝中大臣讨论认为:"日本荼毒福建十年,劫掠百姓,聚众十万,福建财力已枯竭,无法迅速改进。而浙直都督胡宗宪部下多精兵,应迅速发兵支援福建,不然福建将不保。"于是嘉靖四十一年(1562)七月,朝廷派戚继光带正兵 6 000 人为主力,督府中军都司戴冲霄率部兵 6 000 人协助。

小贴士

督府中军都司:都司是明代营兵制之下的中级将领,级别低于游击将军,高于守备,常担任中军或坐营官等。这里的督府中军,指的是浙直总督胡宗宪直接统帅的一支军队。

戚继光率部到了福建，很多福建人一开始并不十分信任这支军队，他们受“贼为梳、兵为篦”流言的影响，害怕又是来扰民的兵匪。因此，戚继光的首要任务就是让人民相信这是一支仁义之师。他首先传檄各地，推心置腹地阐述了“家国父子”的道理，一方面是为了安定人心，另一方面也为了借助百姓，杜绝奸细。在行动上，则是严肃军令，对百姓秋毫无犯。路上遇到生病被遗弃的两位士兵，则赠予银两，留下专人照顾，并委托地方乡绅转送知县，加以收容管理。对于协助倭寇的张湾奸民，允许其首领戴罪立功，普通百姓不加追究，并没有施以惩罚。这些举措让地方乡绅和老百姓看到了不一样的王师，于是也愿意携带物资慰问军队，并积极协助明军抗倭，给他们当向导。

戚继光判断福建的形势，最好是先攻击倭寇大本营横屿；攻破横屿，再进剿福清等地倭寇更加容易。横屿四面临海，离岸边有十里之远，中间是浅滩，涨潮时变成海，退潮时变成泥；水师到此搁浅，根本无法靠近，而陆军必须涉泥而进，精疲力竭不说，还有遭到半渡而击的风险。倭寇盘踞横屿，通常是驾驶小船，随潮水涨落出去劫掠。他们在横屿建造了城堡和高大的房屋，完全是有恃无恐。八月初八夜间，戚家军进食完毕，趁潮水抵达了兰田渡，戚继光督率陈大成、吴惟忠、陈子銮、童子明等沿着张湾，抵达出发地点。进攻部队按照鸳鸯阵的顺序，背负青草垫在泥上，匍匐前进，每百步休息一次，一点点靠近对岸。当时倭寇留一部分守城，一部分在山南麓列阵以待，戚继光命吴惟忠攻其巢穴，陈子銮、童子明冲击敌人的军阵，陈大成则沿着山脚绕到山后，进行包围。明军深知是背水一战，个个奋不顾身，敌人也殊死顽抗。王如龙在对岸，遥看横屿正打得热闹，忍不住带兵也赶了过去，几面夹攻，倭寇大败。明军占领倭寇巢穴，将其焚烧净尽。这时才刚刚下午，他们趁着还没涨潮，赶紧回到岸边。此战共杀敌 348 人，烧死与淹死的估计也有 600 多人，而明军只阵亡 13 人而已。

东京国立博物馆藏 16—17 世纪日本将领的盔甲

福清县的倭寇和山寇，探听明军收复了横屿后就要来剿灭他们，于是事先聚集到牛田，便于迎战。牛田加上附近投敌的村落，构成了一个棋盘式的阵势，绵延30余里，随处可以袭击明军。于是嘉靖四十一年(1562)九月，戚继光召集主客各兵歃血为盟，申明纪律，分头进剿。陈大成、吴良知为一支，从仓下进剿；王如龙、胡大受、吴惟忠等为一支，由戚继光亲自带领，从锦屏山进剿；另外还有一支是施明赐、曹南金等带领，进行埋伏和拦截。次日凌晨，他们悄无声息地出发了。戚继光一支一路渡过敌人设置的沟堑、斩杀了敌人的侦察兵，将还在熟睡的倭寇和山寇团体包围，迅速歼灭。当时有一个俘虏说，敌寇有前来支援的计谋，戚继光让幕僚陈文治算了一卦，果然如此。戚继光随即指挥各部设置埋伏，备好弓弩、火器、蒺藜等兵器。到五鼓十分，果然有敌寇700余人的骑兵和步兵正在秘密往这边赶，等他们进入埋伏圈，明军枪炮齐鸣，一起冲出。有个敌寇首领一看抵挡不住，骑着白马，拿着一个红囊，把里面的碎金子撒向明军，重施故技，妄图以此阻止明军进攻。哪知戚家军对此视而不见，如秋风扫落叶一般上前围歼。各部明军乘胜追击，直捣牛田敌巢。敌寇又列阵迎战，王如龙一马当先，吴惟忠、胡大受等从两翼协助，连破牛田及周边等处敌巢。这一战，共杀敌688人，明军竟无一人阵亡。

残余敌寇往南逃到了莆田城南20里的林墩，这里四面有河流阻断，联通大海，倭寇以此为新巢穴，树立栅栏自守。九月十三日薄暮时分，戚继光带领众将士进入莆田城。戚继光知道敌人奸细众多，为了迷惑敌人，故意让军队到城内歇宿，做出一副不急于进剿的模样。莆田知县迎至演武场，试探问道："将军您打算何时出兵？"戚继光说："这是受过创伤的贼寇，与势力方张的敌寇不同，他们犹如惊弓之鸟，不须方方正正地列阵对抗，而必须迅雷不及掩耳地予以打击。"但是为了防止泄密，军事计划没有向任何人透露。当天夜里，传铃一过，士兵们赶紧起床吃饭，然后悄悄地在东市集合，衔枚疾走。在离敌巢五里远的地方，特意停下来等月亮落山。戚继光没料到的是，带队的本地向导也是奸细，故意把戚家军带入小路，小路通往贼巢的只有一座小桥，当时已被敌人砍断，戚家军没有辗转腾挪的地方，只能跋涉沟渠，艰难仰攻。前哨官周能和首队 34 人全部战殁，次队金福等兵战死一半，明军三退三进。又遇到敌人从后面包抄，有些士兵稍稍退却，戚继光手刃哨长刘武等 14 人，明军只能回头继续血战，杀入贼巢。贼巢都是弯弯曲曲的狭窄巷子，明军的长矛、狼筅等使不开，只能用短刀巷战。敌寇落水而死达 1 000 多。明军追击，敌寇附从者四散逃去，只有一伙真正的倭寇逃往一个叫窑兜的窑场，明军登屋揭瓦，先是纵火和用火器进攻，然后趁势杀入，将倭寇全数歼灭。此战共杀敌960人，戚家军损失69人。虽然此战斩获颇多，但戚家军遭受了成立以来最惨烈的伤亡，尤其戚继光为了维护军纪，亲手处死平时爱护有加的士兵，对他而言，无疑是痛彻心扉的事。

林墩大战后，当地乡绅聚集到莆田城郊外的熙宁桥，他们在桥头装饰了各种彩旗花朵，举行盛大仪式迎接王师。戚继光拒绝了乡绅欢迎的好意，他说："我的将士伤亡众多，我怎能忍心接受祝贺？"第二天，他在当地的大寺查验伤兵和阵亡需要抚恤的，然后又与地方官一同前往林墩祭奠阵亡士兵。戚继光焚香痛哭，为士兵们建醮超度，他身穿白色素服，犹如居丧一般。又次日，发给伤亡的士兵以抚恤金，有亲属在军队的，当面交付；没有亲属的，暂时代为保管；有的伤重不能领取的，则亲自送到病榻前。当时，由于浙兵离乡日久，思归心切，而且当时还缺少寒衣，福建方面的奖赏没能兑现，军心有所不稳，甚至出现聚众喧哗的情况。戚继光只能好好安慰，甚至说出大伙解散、自己辞职这样激愤的话。戚继光等不到奖赏，又拿出自己的薪水，发给没有及时领到赏赐的士兵，并决意先回浙江休整。

小贴士

建醮：亦称打醮、做道场，是一种旨在超度亡魂、洁净地方、祈福禳灾的传统仪式活动，全国各地皆有，通常由僧道主持进行。

戚家军回去之前，又在牛田等地击败新来的倭寇，但是数量庞大的敌寇陆陆续续地到来，而义乌兵的伤亡也在增加，赏罚不行，士兵思归，军心不稳，再战的话，这支部队有解体的可能。尽管福建的官员士绅多方慰留，戚继光决定无论如何也得先回去了。嘉靖四十一年(1562)十一月，戚继光班师回浙江。那些逃往南方的倭寇听说戚继光班师，私下庆祝说："戚老虎走了，我们还怕什么？"于是一支倭寇北上，攻陷福宁、政和两个县城。与此同时，山贼趁机在延平、建瓯之间骚扰地方。不久，另外一支倭寇 6 000 人直取兴化府城，围困一月之久，后趁明军募兵以及入城之机，派遣卧底混入其中，夜间杀掉西门守城士卒，放敌人入城。倭寇入城后，肆意烧杀劫掠，仅仅居住城内有功名的士大夫就有数百人被杀死，妇女死者不计其数，官私库藏被搜掠一空，震动整个福建。

嘉靖四十一年（1562）十二月，福建巡抚游震题请升任戚继光为分守台、温、福、兴、福宁中路等处副总兵，驻地福宁州，兼统水寨，参将游击以下都要听从节制。戚继光则要求朝廷先兑现去年福建平倭将士的功劳和赏赐，以昭信用，同时为这次入闽作战筹备充足的军费，合计需银10万两；另外，浙、闽两省的派兵和后勤方面要统一指挥，不得掣肘将领；另外这次需2万兵力。朝廷全部同意了这些请求。嘉靖四十二年（1563）正月，刘显、俞大猷先到距离兴化50里的地方扎营，等待和戚继光部会师。倭寇中有误传戚继光已来，于是弃兴化城，攻占海卫城，同时准备了便于撤退的船舶。后来在海盗许朝光等人的协助下，大部分倭寇得以撤退回国，留下3 000人则盘踞兴化渚林南边的许家村，以此处为巢穴。

嘉靖四十二年（1563）三月，戚继光派胡守仁领兵作为先锋先到福建，大部队则稍后出发，一路经过福清、黄石，抵达东亭。三月二十日，新任福建巡抚谭纶召集戚继光、俞大猷、刘显三支军队，部署出兵事宜。戚继光主动要求担任中哨冲锋，俞、刘二部作为策应，功劳则三军平分。次日夜里四更天时，戚继光派胡守仁为先锋，自己殿后，兵分三路，悄悄地行军。到五党山时，月亮还没落山，戚继光让部队原地等待，以便月亮下山、拂晓时分发动攻击。他们用火炬击溃敌兵的骑兵，然后与步兵倭寇展开搏斗。倭寇们喊道："戚老虎这次是真来了！"大败。戚家军追至许家村敌巢，四面合围，并就风势纵火，很快这批倭寇被扫荡净尽。此战共擒斩 2 400 多人，释放被掳走的百姓 3 000 余人。获得的财物全都赏给了士卒。五月，连克马鼻、肖石岭等处，剿灭残余倭寇和山贼共 1 600 余人，收复政和、寿宁二县，平定了福建的倭寇。当时福建沿海有童谣称：

戚我爷，戚我爷。爷未来兮民咨嗟，爷既来兮，凶妖荡尽，草木生芽。欲报之德，昊天无涯。愿爷孙子绳绳兮，为公为侯，永定国家。

而戚继光也得到丰厚的赏赐。当年六月，御史李邦珍、福建巡抚谭纶纷纷上疏朝廷，要求给予戚继光超额奖励，兵部回复的意见中亦称他"算神百胜，勇逾万夫"！很快，当月戚继光连升都督佥事、都督同知，但是实际带兵之职仍为副总兵。

嘉靖四十二年(1563)十月，倭寇受到之前掠夺财物的诱惑，又蠢蠢欲动来犯边。于是当月发动倭寇 2.7 万人入寇，先发 1.5 万人攻打兴化府仙游县，余部来年春天会陆续到来。于是十月初开始，大批倭船分别在福清、泉州、漳州、兴化、宁德等地登陆。当时浙兵作为客兵，不得不分为两班轮替，一半回浙江，一半驻福建；而驻福建的又分驻各地，能战斗的不过 5 000 人，轮班的浙兵又处处受到浙江地方官府的阻挠设禁，不让入闽。虽然戚继光指挥所部连续水战、陆战，取得十几次小规模的胜利，但敌众我寡，并非持久之计。于是戚继光给朝廷上疏，要求朝廷给予他统合两省军事、节制调度的大权。福建巡抚谭纶也上奏朝廷，要求给予戚继光兼管两省的兵权，于是朝廷下令，升戚继光为总兵官，管辖福建全省及浙江金华、温州二府的陆军与水军，各地方义兵亦听调度。

戚继光根据多处敌人上岸移动的方向判断，敌人是要在仙游县会师，于是一面布置各地防卫，一面亲自坐镇兴化府。在班军迟迟不到、兵力极为有限的情况下，他灵活调发各地驻军，或将水军临时改为陆军，或在地方招募陆军。此外，戚继光还多次调拨福建地方的义兵，所以此战中有许多“义总”“官生”“武生”“生员”“典史”率领的地方义兵与正规军合作，在各处设疑兵，牵制倭寇力量，并趁机骚扰截杀倭寇，使得倭寇始终不能专心攻城。后来倭寇虽然一度大肆进攻仙游城西北水关，甚至竖梯登城，但都被戚继光用疑兵击退，始终没能全力攻城。戚继光的仙游疑兵之计，争取了宝贵的50多天的战备时间。

小贴士

义兵：亦称乡兵，是地方精英组织的，以守卫乡土为目标的民间武装，其产生可追溯到南北朝时期，宋代各地方普设乡兵，明清时期乡兵和团练、民壮、保甲一起成为民防体系的重要组成部分。

十一月十六日，戚继光的部下王如龙率部分援军来到。福建的巡按御史、福州知府、仙游知县等督发犒赏，鼓舞士气，同时协助各营加紧置办军火器械。二十三日，大部援军已到，仍由地方官按军营发给饷银。福建巡抚谭纶亲自到军营填写令票，号令所有人员都听从戚继光分配任务。二十四日，戚继光召集各位将领和地方义兵分配任务，先派本地人义总孙廷贤和哨官王伯宁等，悄悄地由偏僻的山间小路入敌巢侦察，以作为大军前进的向导。按照戚继光的安排，其麾下战斗力最强的王如龙为左军，胡守仁为右军，作为进攻的主力，像一把尖刀一样，直插敌人南巢。另外三队则在外围待命，根据战场局势择机进攻，把总陈濠进攻敌人东巢，游击李超进攻敌人西巢，标兵指挥吕崇周进攻北巢。坐营把总金科率中军大营之兵，作为策应，包括携带火器救援。另外，对于何时进剿、何时冲锋、如何配合、如何诱敌深入、如何防止伏兵、如何躲避陷阱等都做了详细安排。

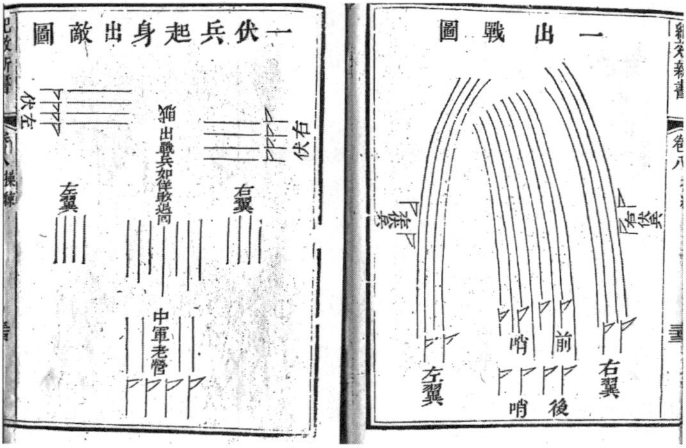

仙游之战的战术与《纪效新书》中的操练图相当一致

次日即十一月二十五日，按照约定，当天夜里各路兵要到达约定地点，然后埋锅造饭；到二十六日凌晨拂晓时，绕过山路，按照约定发动攻击。不料二十五日夜间大雨如注，大雾弥漫，视线受阻，结果直到早上七八点钟，才抵达仙游城下。当时敌人正用八座吕公车攻城，这种吕公车高出城墙一丈多，里面藏有倭寇百余人，可抵御外界进攻，用轮子推到墙边，搭个架子就能跨上城墙。可以说，当时仙游城危在旦夕，几乎就要被敌人突破了。这时，戚继光的几路人马杀到，王如龙率军直冲敌人南巢，敌人放弃吕公车，结成阵势前来迎战；胡守仁又从右边杀入，敌人抵挡不住，退入巢穴。王、胡两军拔掉敌人的栅城，包围敌营，杀死敌人四五百人，按照约定，不取首级，只顾作战和放火。余下的敌人往东巢撤退，中右路的胡守仁追入东巢，加上外围待援的明军，里外夹攻，攻破敌人东巢。西巢亦被类似方式攻破。东、西两巢剩余的倭寇还有数千人，一起退到北巢。这时戚继光指挥金科率中路大营发动攻击，加上其余几路，形成围歼之势，一时间炮火纷飞，敌人的吕公车也被焚毁殆尽。此一战，杀敌一两千人，释放被掳百姓 3 000 余人。

当时倭寇虽受重创，但还有万余人往南逃往漳州、泉州方向。戚继光派人通知沿途各州县坚壁清野，严加防守，所以倭寇一路上虽然尝试攻打一些城堡，无奈并未成功。针对通敌的奸细，戚继光一方面悬赏捉拿，另一方面令地方官安排乡兵，在要道埋伏拦截。嘉靖四十三年(1564)二月十二日，部分倭寇窜至漳浦县蔡坡岭，试图和城内奸细里应外合，袭占县城。蔡坡岭周围的田地里种着甘蔗，四面环山，森林茂密，林中布满荆棘。十五日，明兵抵达漳浦，夜间即分配任务，以陈濠领中军，王如龙领左奇兵，李超、耿宗元领右奇兵，其余策应之兵一一安排妥当。十六日，明军四面包围蔡坡岭，举炮攻打，戚继光亲自督战。敌寇退入山林，明军则纵火焚烧，共烧死不下千余人，另外杀敌 160 多人。城内奸细也被揪出处决。其余倭寇经诏安县，逃往广东境内。这边仍旧由福建巡抚谭纶、巡按御史李邦珍上疏，论功行赏。

倭寇平定后，山寇也就不在话下了。大概四五年前，漳州龙严山有山贼苏阿普、陈光明等人结党为盗，后陈光明被杀，延平府知府周贤宣招抚苏阿普为良民，但是附近官府好大喜功，违背招抚信用，再次去抓捕苏阿普。苏阿普等人再次聚众 2 000 人，盘踞漳平县赤水。倭寇刚平定，戚继光就派李超去剿除这批赤水山寇、耿宗元等去剿除平和山寇。随后，闰二月，谭纶等通告各道，一起围剿各地山贼，戚继光这边仍派遣李超等统兵 4 600 人，赴福建永安等处围剿。李超在永安杀伤山寇甚多，其余人退到香寮老巢，盘踞苏家寨等地。此后，四月、五月，戚家军一直在闽南各地围剿山寇，山寇头目蓝松山被擒。苏阿普部下只有数百人，眼看无法成事，便主动出来投降。戚继光准令招抚，安插在漳平县各处。另外一个大的山寇是吴平。戚继光督兵于福建、广东交界的南澳岛，与吴平等对垒，十天之内三次交战，几乎将吴平势力消灭殆尽。不料广东兵稍有懈怠，被吴平驾船逃到交趾。戚继光又督兵进入广东，消灭其在山上的余党。

戚继光的部队以步兵为主，骑兵和水师更多是辅助的角色。两军对阵，他常用的步兵战术，是用鸟铳、火炮为前驱，打乱敌人阵营；继而用三支部队（一支中军，另两支为左右翼）在战场上相互配合。戚继光特别重视计谋，两军交战之前，强调搜集情报、严防奸细、设置埋伏、布置疑兵，各种情况皆考虑周全，全盘掌握，做到万无一失。倭寇巢穴往往是在山上或水边，或有坚固的工事，易守难攻，但是戚家军总是出其不意地将敌人包围或拦截，迫使对方仓促应战。当然，戚家军获得这样的战果，最重要的是平日的严格训练和严明的纪律，将士才能够具有奋勇争先、攻坚克难的坚毅精神和高度的自律性。例如为了保证迅速击溃敌人，通常事先规定冲锋为上，不准擅割首级，不允许战场捡拾财物。因为他们知道，只要他们立了功，戚继光就会力所能及地为他们争取升职的机会和丰厚的赏赐，这样所有人都有在战场上拼命的动力。所以，无论大小阵仗，每支队伍总是能够完成主帅安排的任务，这使得战场形势基本能够按照戚继光预料的发展。

由于平定了闽浙沿海的倭寇和山寇，主要官员、将领都获得升职的奖赏，其中戚继光升任都指挥使，唐尧臣升俸一等。戚家军的将领们也都升职了。例如王如龙、胡守仁升参将，李超、张元勋升游击，陈濠、杨文、傅应嘉、金科、陈大成升都司，朱珏、曹南金升守备。普通士兵也都有相应的升职和奖赏。但是在戚继光看来，美中不足的是，那些战死的士兵没有得到应有的抚恤，也没有受到地方的祭祀；应该继承军职的军人子弟也没有顺利接班；杀敌的战功也一直没得到官府的确认和行赏。戚继光将这些问题归结为“不均之赏”和“不赏之功”两大类，即所获赏赐不公平和部分功劳没得到奖赏，如果朝廷言而无信的话，士气则会大受影响，以后将不会有将士用命，因为公正的赏罚和大胆的激励政策，是军队战斗力的重要来源。

隆庆元年(1567)十月朝廷下了一份诏书，大致内容是：“各边将士，立有战功，但是往往核查延迟，奖赏不足激励大家。都察院应行文给各巡按御史，将嘉靖四十五年十二月之前没有核查的功劳，限三个月以内核查明白，不得延迟。”戚继光看到这个诏书，想起几年前跟着他出生入死的部下，有许多人包括自己都升了官，但很多人遭受了不公平的待遇，于是上了一道洋洋数千字的《应诏陈言乞普恩赏疏》为部下申诉。他首先要求朝廷录用此前被罢官回籍的唐尧臣、赵大河、汪道昆等。另外，大部分的义乌兵出身低微，大家参军的主要目的，不过是指望立点功，挣个一官半职；即使不幸战死，朝廷也会照顾孤儿寡妇，抚恤其后人。所以戚继光建议朝廷，将士的功劳要及时查核清楚，该赏赐的要及时赏赐，需要继承军职的也要尽快查明，登记在册，安排其后人继承；阵亡的将士，也希望地方立祠祭祀，这样对战场上搏命的将士们也算是个安慰，对他们的家人、族人也是个荣耀。

戚继光不仅建议朝廷这么做，他自己也非常注重以感情笼络部下，激励士卒。比如义总童子明，本来是浙江义乌县一个吏员，应募入伍，跟随戚继光转战浙江、福建，参加众多战斗，屡次立功，自己亲自立功七级，部下立功不下三百。仙游之战死难，朝廷尚未给抚恤，而且其母孀居，后继无人。戚继光就给他申请表彰，让其母在族内选择贤良的年轻后生作为继承人，颐养天年。又发给丧葬费，派人将其灵柩和家属送回原籍。后来隆庆元年(1567)十一月，戚继光北上京师就职之前，特意去祭祀福建战死的旧部下童子明，其《祭别闽彰义祠阵亡将士》文，再次赞扬了其抗倭的功绩，祭文最后说："从今后，诸事顺

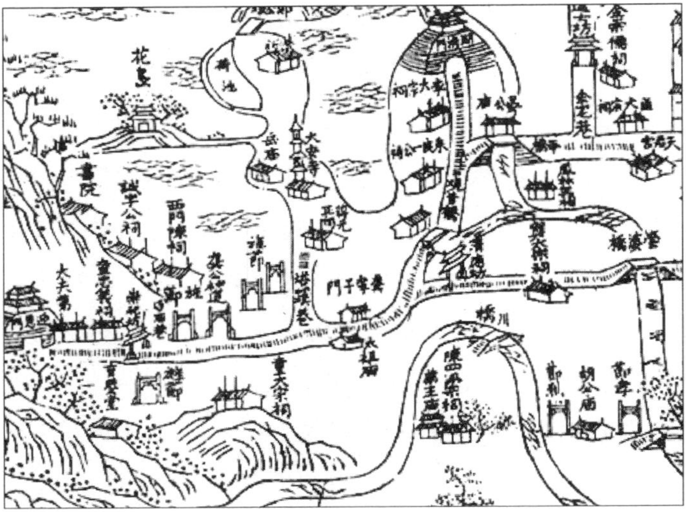

县城西门外童忠义祠(取自嘉庆《义乌县志》)

利的话，我将继续以功劳报效国家；事与愿违的话，我将修身养性以待命，定不辜负你们。你英勇坚毅的魂灵，能附在我的旌旄上，跟我一起去北方边塞共事吗？临风痛哭，一字一泪。”

其他将士看了，也深受感动。后来，童子明之子童文麟授金华守御千户所世袭百户。万历年间，义乌知县朱显文得知童子明的事迹后，在县城西门外给他建了一座忠义祠，戚继光的心愿终于得以实现。

第五章　南兵北上　蓟镇戍守

明朝的两大边患，号称“南倭”和“北虏”。就在戚继光平定东南沿海倭寇的同时，北边蒙古人的侵扰即所谓“北虏”问题也日趋严重。隆庆元年(1567)，蒙古骑兵侵犯明朝边界，攻陷石州。隆庆帝召集大臣商议对策，有人建议把抗倭有功的戚继光调来北方防“虏”。隆庆二年(1568)二月，戚继光从福建调到京师，由于言臣议论不一，六部也意见分歧，所以暂时只给他安排了京营副将一职。经过考察，他发现京营登记的所谓士兵，大半都不真实，其中超过一半以上属于受雇的；即便在营士兵，也仅仅充数而已，还有许多士兵由京城各豪强贵族豢养。在别人看来，京营是精锐部队，但在戚继光看来他们不遵守号令，懒惰成习，军伍废弛问题严重。戚继光对主政者说：治理京营关键在于事权要专一。不过，朝廷诏他入京，并非为了让他治理京营，而是让他去镇守边关，所以治理京营的建议等于无疾而终。

隆庆二年(1568)三月,戚继光的旧同事兼上司谭纶由两广总督升兵部左侍郎,兼都察院右佥都御史,总督蓟、辽、保定军务。谭纶上任两个月就举荐了戚继光。五月,朝廷任命戚继光以都督同知总理蓟、昌、辽、保练兵事务,诏书称:“自总兵以下,俱听节制,文武官员,不许干预阻挠。”后因总理练兵事务的职位是新设立的,边将多观望不服,所以改命戚继光为蓟镇总兵,而蓟镇是关乎首都安全的最重要的九边军镇之一。另外,刚上任的内阁大学士张居正,入阁时已雄心勃勃试图整顿军备,解决明朝的重大边患,日后终成为戚继光重要的支持者。隆庆年间朝廷的人事变动为戚继光蓟镇练兵、备边铺平了道路。

小贴士

九边:是明朝中叶为防御蒙古侵扰,在长城沿线设立的九个军事重镇,自东向西分别是辽东镇、蓟州镇、宣府镇、大同镇、山西镇、延绥镇、宁夏镇、固原镇、甘肃镇,军镇的最高军事长官是总兵,同时设立总督、巡抚等文官加以节制。

戚继光到任之后，从夏至冬，黾勉视事，并就发现的边防和军备问题，当年连续撰写了《定庙谟以图安攘疏》《条奏七原六失四弊疏》《条悉边弊申谕将士以共图补报檄》等报告，指出北边军备废弛的情况。他首先分析了蒙古兵和倭寇相比有五大不同点。一是倭寇航海而来，最大规模不过 2 万人，但是蒙古骑兵往往不下 10 万人；与此同时，明朝边地数千里，兵力分散，不宜防守，容易被蒙古骑兵从一点突破。二是倭寇衣着坦露，只能五步之内近身搏斗，但是蒙古骑兵则是全副武装的铁骑，如风卷残云，士兵和马匹难以退避。三是长城沿线北风劲吹，烟尘蔽天，明军擅长的火器处于下风口，难以运用。四是倭寇的来去依赖海况，不能随时逃走，但是蒙古骑兵来去迅速，不受地形天气制约，明军难以拦截。五是拱卫京师的蓟镇、辽镇、宣府、大同等各军镇，彼此号令不一致，烽火、墩台等情报系统也没法整合，难以彼此相互支援。所以明朝必须有针对性地建设边防，才能有效抵挡蒙古骑兵。

当时蓟镇军队的管理十分混乱。总的来说，蓟镇军队分为主兵与客兵，二者名义上约有 15 万人，但是真实的数字是个谜。所谓“主兵”，指的是蓟镇所属卫所的军队，他们有很大一部分被分配了工匠、供应后勤等任务。还有一部分青壮军人，被将领当家丁使唤，用国家的军饷来为私人服务。这使得实际守边的人数远远低于纸面上的数字。戚继光发现，现有守边的多是老弱之兵，另外还有冒名顶替、虚领军饷的，实在难以统计。有时点名检阅，这些士兵就临时拿着兵器点个卯，平时卫所武官懒得管理，这些士兵也乐得苟且偷安。

中国国家博物馆藏《平番得胜图》中的明军形象

所谓“客兵”，主要指外地调来蓟镇驻防的军队。那么客兵能否承担边防重任呢？戚继光发现，各省来轮班的班军共有 4 万多人，他们到了蓟镇就分散到各区，而他们的将领则驻扎在蓟镇治所三屯营，与一线军队的管理脱节。班军回程时，散漫放纵，队伍不整，任意骚扰百姓。同时，蓟镇各区将领嫌弃他们非自己下属，所以这些班军也得不到训练，既不能听从号令，也不能精于兵器。除了各省班军，顺天八府还有班军 4 万，他们家乡毗邻边境，算是土著之人，很适合守边，但平时同样得不到训练。例如火器作为抵御蒙古人的有效武器，却大都布满了灰尘。戚继光问士兵为何不使用火器，士兵们说："只有边防报警时才发给火器用，平时不给。"戚继光又问他们是否会使用火器，他们都回答不会。

戚继光向来重视军队的待遇。那么，这些主客兵的生活水平如何呢？戚继光痛心地发现，士兵们的负担十分沉重，除了打仗这种本职工作外，还有樵采、修理、背米、采办柴炭等任务，马匹死了还要赔付，月粮不按时发放，伙食也很差。有一次在视察途中，夕阳之下，戚继光看着这些可怜的边军，伤心地流下了眼泪。于是他写了一首长诗《蓟门述》，记录了他的所见与所闻，大致意思如下：

> 修筑敌台，期限紧迫，我前去视察，看见士兵在山谷采石，辛苦万状。路旁又见到一个年老的边卒，

已满头白发。他刚说了两句，两行热泪就流了下来。他慢慢吐露了边塞的状况，众人都感慨不已。瘦小的士兵把守雄关，孤孤单单，苟延残喘。虽然也发口粮，但是都是低劣的粗粮。而且粮仓远在几十里外，需要自己每月去领两斛。有力气的士兵自己背回，体弱的则卖了口粮，换点钱再到本地市场上买。谁愿意卖自己的口粮呢，最后不过让仓吏占便宜罢了。粮仓旧日欠下的，加上新征收的，陈陈相因，弊端百出，让有司如坠云雾。蒙古兵迫近边塞，仓皇之间，难以应对。边将只好对外暗中帮助蒙古兵，对内索取好处。稍不如意，就杀害巡边的士卒，目无王法。边将害怕被弹劾，只好更加卖力贿赂蒙古，更加使劲搜刮士兵脂膏。他们又设立樵采之法，借以增加敛财之机。士兵们饿着肚子出关，两眼昏花，精神萎靡，不知道能否活着回来，还是当了俘虏。士兵一边伐木一边哭，山风吹过，心情更加凄凉。砍的木柴不足，则被公开鞭打。回去和妻子母亲说，她们却误认为官家给士兵的薪水，足够养活几口人。妇人处在闺阁，哪知世事艰难。所谓薪水，寥寥升斗而已，还需要赔偿马匹和支付砍柴罚金。饿死只在旦夕之间，十户有九户妻离子散。昼夜去守边，一人要看守数个城垛，形只影单，哪能守住这险峻的城墙啊。士兵困苦，边臣失意。朝里大官的手下来视察，扬鞭挥打，索取好处，肆无忌惮。参将游击等边将，也要奔走在他们的车马前，弯腰谄媚，像童仆奴隶一般。谁让他们操持荣辱之权，稍不如意即丢官呢？蓟门老卒所说都是实话，山风斜阳之下，我忍不住涕泪俱下。但是，人生短暂，我已顾不了个人荣辱，要做的，就是努力维系人纪与天纲。毕竟，为子死孝家之彰，为臣死忠国之良。

戚继光还认真考察了蓟镇的地形和防守策略。他在报告中说："蓟镇的地形有三等，腹里是平原，近边内地则是半险半易，而边外则是山谷密林。要根据具体地形制定战略，尤其胡马刚来时，山谷崎岖，不成队列，首尾不能相顾，正是我们袭击的良机。胡人抢掠完毕、满载而去时，不成队列，也是我们出其不意进攻的好时机。另外，现在的边兵以骑兵为主，习惯马战，不熟悉山谷与林战之法。我当初在南方，倭寇的巢穴都是在崇山峻岭、密林深谷中，而浙兵无论是俯冲还是仰斗，都战无不胜。这是我亲自试过的，并非信口开河。即使是守边墙，非得浙兵才能守得牢靠。南方县城高不过一丈，厚不过几尺，又没有壕沟、偏坡的险要地势，倭寇动辄以上万人包围，以鸟铳攻城，吕公车比城还高。即便如此，我让浙兵千人守城，倭寇几个月都攻不下来。现在边墙又高，下面还有偏坡与品字坑，如果让浙兵防守，肯定会固若金汤。”

1933 年《东方杂志》刊载古北口段长城

戚继光上书要求调取南兵，引发了许多人反对，有认为南方人不适应北方严寒气候与风沙飞扬的环境的，有担心后勤补给困难的，有担心日后难以解散的。戚继光为此进行了申辩，他说：“我和谭纶将军当年在浙江台州共事时，是鉴于其他各方客兵不行才训练了这支队伍。三年训练完成后，战场上从来没有失败过，我之前平倭，全靠这批将士取得成功。这些人都是良家子弟，都是有家庭的人，不用担心他们难以解散。而且，现在北方承平日久，军法不行，刚刚募集的北兵，一旦加以严刑，必定群情汹汹，我必须有心腹爪牙才能弹压。而且这些南兵与北兵相处，就会给他们讲'在我们浙江，我们的主将怎么训练我们、怎样体恤我们、怎样和我们同甘共苦、薪水怎样实惠、号令如何可信、战阵如何周密、赏罚如何严明'，这种示范效应，比耳提面命、条约告示的效果好多了。何况，鸟铳是打击蒙古兵的重要武器，北方人不习惯用，北方工匠制造的质量也不佳，而这些都是南兵熟练的。如果找来我练过的数万南兵，先编成一支示范军队，然后调旧将领去训练北兵，必然事半功倍。"

小贴士

品字坑：是明代长城外侧的一种防御设施，通常由三个呈"品"字形排列的坑组成，每个坑有数平方米大小，半人深，有的里面还散布铁蒺藜等武器，用以阻滞敌人进攻。品字坑配合偏坡、壕沟、羊马墙等，增强了长城的防御能力。

朝廷同意了谭纶和戚继光调取南兵的要求，令戚继光的旧部下胡守仁招募3 000名鸟铳手北上，而且要求北上途中不得骚扰地方。不过，事情却临时起了风波，戚继光的政敌巡按御史杜化中、给事中涂梦桂等人开始给这件事情设置障碍。隆庆二年（1568）五月，戚继光的旧部福建参将王如龙、游击将军金科和都司佥书朱珏等三人，被指控克扣军粮和受贿，正由地方巡抚、巡按审讯。如果罪证确凿的话，他们应该会遭受罢官的处分。戚继光因惜才而请求将三人调入蓟镇，继续为国家做贡献，兵部于是发文令三人赴蓟镇。不料在北调途中，福建巡按御史杜化中弹劾戚继光接受了三人各1 000两白银的贿赂，所以才替他们说话；与此同时，给事中涂梦桂也弹劾兵部负责人渎职。当时戚继光的后台张居正，见到这份弹劾的奏疏十分紧张，据说他当时额头冒汗，面如死灰，连声叹气，说："戚总兵已站不住了，南兵不必选罢。"连续多天，神情沮丧。戚继光则立刻上疏辩白，言辞颇为激烈。他说："我们武将不过是低贱之官，没什么地位，王如龙、金科和朱珏等人亦然。但他们都是南兵原来的重要指挥官，像是王如龙骁勇绝伦，国士无双，战场上奋不顾身，所以我才冒死为皇上举荐将才。如果皇上觉得我有错，恳请把我罢免，选择其他名将来担任这个职务吧，也好照顾到言官的体面。”这件事说明戚继光和自己的部下形成了一个荣辱与共的共同体。

由于朝廷顾全大局，且有张居正居中保护，因此戚继光并未因王如龙等人被弹劾之事而遭罢免。皇帝也同意了兵部开具的意见：既然王如龙、金科、朱珏正在随南兵北上，不如等他们到达后，再送往法司受审。这件事最后不了了之。而三人在戚继光的保护下，日后果然又多次参加战斗，立了许多功劳。这是后话。隆庆二年（1568）八月，这支 3 000 人的义乌兵抵达蓟镇，南兵北调由此开始，戚家军的活动地点由此转向北方。当胡守仁率南兵到达时，他们就展现了高度的纪律性。据说他们在胡守仁、李超的带领下到达密云郊外待命，恰逢倾盆暴雨，从早晨一直下到中午，但这批义乌兵居然屹立于大雨中纹丝不动，军容整齐，令其他边将大为讶异，他们说：“没想到戚将军的军令如此严格！以此抵御蒙古兵足矣！”明朝北边的士兵通常性格倔强，不肯受军纪约束，而义乌兵无疑做了最好的示范。

戚继光认为 3 000 人不够用，于是隆庆三年（1569）再次上疏请求从浙江兵内调取杀手 3 000 人，鸟铳手 3 000 人。尽管当时兵部反对继续南兵北调，隆庆皇帝也不同意继续为蓟镇破例，但是由于南兵具有北兵没有的一些优势，实际上后来还是陆续调来了更多的南兵。戚继光招募南兵的愿望到隆庆五年(1571)得以实现，当年招募了 6 000 浙兵赴蓟镇，其中包括杀手、鸟铳手等，这时北边的南兵人数达到了 9 000 人。万历皇帝登基之后，张居正大权在握，全力支持戚继光练兵备边，招募南兵之事再次提上日程，而且制度更加完善。万历三年至五年(1575—1577)间，制定了南兵轮班制度，共两班，每班 2 000 人，每三年换一次班，这样实际上参与轮班的南兵共 12 000 人。再加上隆庆年间招募的 9 000 人，这时合计南兵约 21 000 人。另外，戚继光在谭纶、刘应节等人的协助下将自己在浙江的旧部陆续调往蓟镇，戚家军完成了在北方的重建。

戚继光上任后，把蓟镇划分为 12 路，设东西协守，便于相互支援。蓟州的戚家军受到了优厚的财政接济。隆庆二年(1568)六月，戚继光任职蓟镇总兵一个月之后，明廷根据谭纶的请求给戚继光部拨款，以制造战车和火器。

按照戚继光的设想，抵御蒙古骑兵必须扬长避短，多兵种协同作战。由于蒙古骑兵的冲击力强大，戚继光借鉴了前辈将领俞大猷、曾铣等人建立车营的思路，改进和强化了车营，形成以车营为中心，步兵、骑兵相互配合的战术。他先是在蓟镇、昌平镇建造车营 7 座，其中蓟镇东路营副总兵、西路营副总兵、总督、巡抚、昌平总兵标下各一营，蓟镇总兵两营。隆庆六年(1572)兵部侍郎汪道昆巡视蓟镇时,令蓟镇每一路各组建车营一座,共 12 座。车营编制是"营一冲一衡一乘一车"五级。每乘由 4 辆车组成,每衡含 4 乘,每冲含 2 衡,每营含 4 冲,所以每营共 128 辆车。

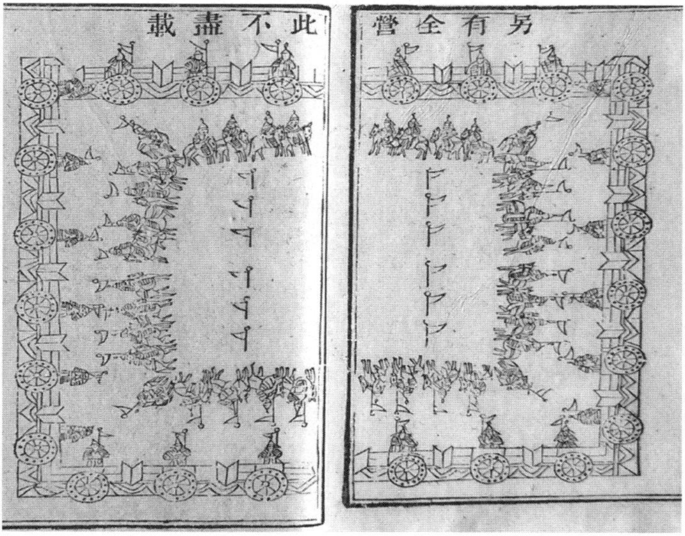

戚继光《练兵实纪》中的车营图

车营的最基本单位"车"即"偏厢车",形状类似民间大车,它携带可折叠的屏风作为士兵的屏障,作战时将屏风立在车厢一侧,因此得名偏厢车。作战时,一定编制的偏厢车组成方形或圆形的车阵,用以阻挡蒙古骑兵的冲击。每辆偏厢车有士兵 20 名,共分为两队,其中 10 人为鸟铳手和佛朗机炮发射手，鸟铳是用于射击零散的蒙古兵，而佛朗机则用于轰击射程内的蒙古大军，戚家军十分擅长这种“凶狠无状”的火器。另外10人为杀手，包括盾牌手和长枪手，主要用于抵御近距离的蒙古骑兵，其中盾牌手弯腰前进专砍敌人的马蹄，而长枪手则刺杀落马敌军。此外每车还有车正1名，舵工1名，以推动车辆。这种集团作战、长短兵器相互配合的战术，与闽浙抗倭时的“鸳鸯阵”有类似之处。

小贴士

佛朗机：其对应的欧文是 Frank 或 Falconetto，本是明朝人对西班牙、葡萄牙的称呼，因为明朝人对佛朗机人“铳声如雷”的火炮印象十分深刻，于是将这种火炮统称为佛朗机。

每辆偏厢车搭配两门“佛朗机”轻型火炮。该炮早期为铜铸，嘉靖末改为铁铸。由于相对较重，不易移动，因此主要用于守城或车营。佛朗机规格不一，炮身短则半米左右，长者近2米；口径大约在1.5厘米至6厘米之间；

射程大约数百米。戚继光认为，无论火器还是冷兵器，都需要有实战经验的将领训练才行，如果自己想当然瞎练一通，不过是浪费时间而已。旧的器械可以用的就继续用，不能用的就改造，没有的就创新。那些藤牌、长刀、鸟铳、神枪、火箭、佛郎机、虎蹲炮、六合铳、百子铳等等，都是抵御蒙古的利器，须派专门的教练在各路训练，设专官督责。

车营的实际战绩如何呢？实际上，嘉靖二十五年(1546)，俞大猷的车营和步骑兵曾经在大同的安根堡与数万蒙古军交战，明军大胜。隆庆和议后，开放互市，俺答汗立誓约束部伍，不再犯边，但是东部蒙古也有一些部落非俺答汗所能控制。例如，万历元年(1573)春，朵颜董狐狸等率蒙古骑兵入扰喜峰口等处，戚继光率蓟镇车营，大败蒙古军，差点生擒董狐狸。万历三年(1575)，朵颜卫部蒙古再次入侵，戚继光率军出塞150余里追击，生擒董狐狸的弟弟长秃，逼使董狐狸叩关请罪。但是总体而言，由于边塞局势缓和，车营发挥战力的机会有限。但是换个角度来看，正是明朝积极备边，改进战术，才让蒙古军有所忌惮，促进了和平局面的到来。

隆庆和议后，北方边境的战争暂时平息，练兵活动也不像在南方的时候那么急迫，戚继光于是提议在边墙的基础上增造 1 200 座空心敌台，加强防御功能。这种敌台一般为 3 层，高 5 丈，可驻守 100 名左右士兵，下面两层为士兵休息以及放置武器、铠甲、干草、粮食的地方，顶层则用于瞭望。修筑敌台所用的建材大多由北兵自制，筑成以后通常由南兵驻守。同时，义乌兵也参与修筑了山海关老龙头、北京金山岭、抚宁董家口等地的边墙，迄今董家口长城附近还有石碑清楚地刻着“浙江金华府易武（义乌）人”。在修边墙的过程中，有些戚家军将领因此立功。例如戚继光部下大将吴惟忠，先前在浙闽抗倭中屡立奇功，并成为最早赴蓟镇的义乌兵将领。隆庆五年（1571），因修边墙有功，升标下右营游击将军。万历四年（1576），升山海关参将，奉戚继光之命，在山海关老龙头浅海处修筑边墙，弥补了边墙防线的薄弱之处。同样在万历四年（1576），戚继光还扩建了蓟镇军府驻地三屯营城，给义乌兵提供更多居住空间。

戚继光在蓟镇最大的困难就是北兵与南兵的矛盾。他当初设想的让南兵改造北兵的计划证明不过是空想而已，实际上北兵已形成利益集团，并不愿意南兵进驻。于是南北兵不断产生矛盾，例如北兵不听调遣、南北兵争夺战果、卫所武官和其他出身者对立、蓟镇和辽东镇将领相互猜忌等诸多问题。张居正熟悉这些情况，并多次提醒

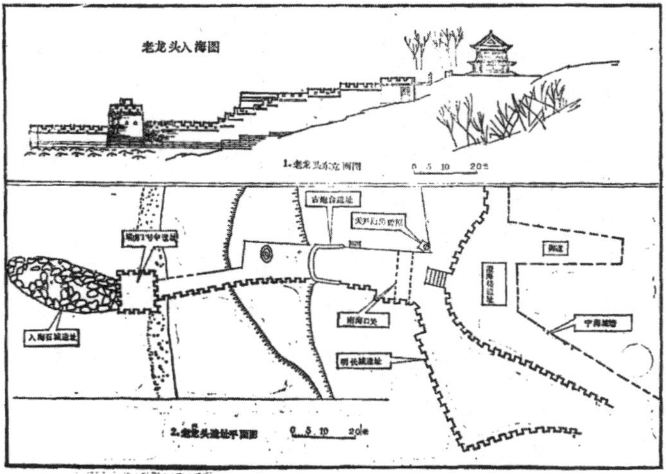

张立辉《山海关长城》(文物出版社,1990)之“老龙头入海图”

戚继光小心行事。例如万历初,蒙古兵犯辽东,戚继光心想养兵千日,正好借此援助辽东,击破蒙古。但是张居正写信给戚继光,先是称赞一番他积极抵御蒙古的决心,然后告诫他说:“古人讨论战争,不全依赖精锐的兵甲,而是特别重视将士和睦。和睦就能以一当百,不和的话,即便兵马众多也起不了作用。戚公你所凭借的是南兵,深恐蓟镇之人不配合,所以诚恳地告诉了我。但是我听说,北人已经愤恨南兵很久了,现在见到敌寇入侵,肯定先把南兵往前线推。南兵如果取胜,他们就会积极分享战果;南兵如果不幸战败,他们也决不会救援。”不仅如此,这些北兵将领还多方搜集对南兵不利的证据，试图借此打击、羞辱南兵，所以张居正提醒他说：“请务必谦虚谨慎，不要让他们找到攻击南兵的借口。”

戚继光主持蓟镇军务前后长达16年，约等于他前任10人任期的总和。戚继光能够在复杂的官场屹立不倒的重要原因是张居正、谭纶等高级官员的保护。张居正为了减少戚继光的阻力，把蓟州辖境内反对改革的其他将领调往别处，并尽量压制朝内批评的声音。同时谭纶亦建议蓟镇文官不得干预军事决策，监察官也要尽量减少介入。这些建议引发了文官们的猛烈反对，他们批评此举违反祖制。1578年张居正回乡丁艰（亦称丁忧）之前，还特意进行了人事布局，让戚继光能够继续安心军务。戚继光知恩图报，委派一支鸟铳部队护卫张居正返乡。戚继光偶尔还送礼物给张居正。这些行为不仅受到政敌的攻击，也为“清流”士大夫们所不屑。考虑到将领们当时所处的政治环境就容易明白，戚继光做这些事的初衷，既不是为了党派倾轧，更不是为了升官发财，他只是把人际关系作为保障军事改革的手段。实际上，戚继光到北京之初，就已深感朝中关系的牵制，为此还曾抱怨说边事的关键“不在边鄙而在朝廷，不在文武疆吏而在议论掣肘”。他深知明朝重文轻武的政治氛围中，如果没有自己的关系网，没有充分信任自己的上司，他将一事无成，更遑论发挥其治军打仗的才能。

万历十年（1582）张居正死后遭到清算，其党羽都被查处。给事中张鼎思说戚继光不适合防守蓟镇，建议朝廷将他改派其他地方。万历十一年（1583）二月，戚继光被调任广东总兵，级别虽然没有变化，但当时广东在国防上的地位与蓟镇不能相提并论。戚继光在广东期间，主要是整理军政章程、整顿标兵、补造兵器等日常的军政工作。此外并没有特别的作为，这期间他还回过一次老家蓬莱，不胜今昔之感。他的一首诗《度梅岭》颇能说明当时的心境：

北去南来已白头，逢人莫话旧时愁。
空余庾岭关前月，犹照渔阳塞外秋。

他虽然身在广东，心里还是挂念着塞外的事。次年，清算张居正的政治运动愈演愈烈，戚继光也再次受到给事中张希皋的弹劾。万历十二年（1584）春，戚继光上疏朝廷，请求退休，但是没有被批准。万历十三年（1585）春，再次因病上疏，请求退休，获准，并在当年十月回到老家蓬莱。

戚继光的部下也因戚继光受到牵连。在戚继光被调离蓟镇后，戚家军多位将领先后去职。例如，万历十一年(1583)九月，他的弟弟、时任贵州总兵的戚继美被罢免。十二月，他的老部下、时任浙江总兵的胡守仁亦被弹劾革职；他的另一位老部下、车前营游击将军陈第被迫辞职归乡；他的族侄、参将戚金也在这股风潮中被撤职，理由是当年蒙古兵入侵，戚金未能对阵或追赶，实际上戚金当时根本没有出兵的决策权。

戚继光在老家蓬莱度过了人生的最后三年时间，这期间他除了寄情山水之外，还修建家庙、教育子弟、编辑作品、捐修蓬莱阁等。万历十六年(1588)年末，腊八节的前一天夜里，他旧病复发，溘然而逝，一代将星就此陨落。戚继光虽然去世了，但是戚家军并没有终结，南兵继续守卫着大明王朝的边墙与海疆，他的许多旧部下仍继续活跃在明末的军事舞台上，他的治军方法也被沿用下来。

第六章　援朝抗倭　海外扬名

戚继光去世 4 年后，平静已久的倭寇再次兴起。16 世纪后半叶，日本织田信长、丰臣秀吉经过多年东征西讨，平定了 60 余个小国，逐渐结束了持续 100 多年的战国时代，实现了日本的统一。1590 年丰臣秀吉完成统一，迫使天皇任命其为摄政“关白”，并开始向外扩张。他首先胁迫琉球、吕宋等海岛小国向其纳贡，此后野心膨胀，

小贴士

关白：本为“陈述、禀告”之意，出自《汉书・霍光金日磾传》“诸事皆先关白光，然后奏天子”，该词在唐代传入日本，并成为日本天皇成年后，摄政一职的称呼，与中国古代的丞相类似。

将目标瞄准了明朝，妄图“直入于明，使其四百州尽化我俗”。为此丰臣秀吉纠合其下属各国大名，成立远征军，征服明朝，妄图建立东亚霸权。作为入侵明朝的前奏，丰臣秀吉要求作为明朝藩属国的朝鲜向日本称臣纳贡，并担任入侵明朝的向导，结果被朝鲜国王断然拒绝。于是丰臣秀吉恼羞成怒，决定首先攻打朝鲜。

1592 年春，丰臣秀吉在日本肥前名护屋（今佐贺县）集结了约 30 万兵力。其中，宇喜多秀家率领的陆军共 15 万 8 700 人，分为 9 个军团；九鬼嘉隆率领的水军有 8750 人和 700 艘舰船，以运输士兵、保障物资供给和进行海战。此外，还有 10 万 5 000 人作为侵朝预备队。当年四月第一批日本军队在朝鲜南部的釜山登陆，入侵朝鲜的战争正式打响。这场战争共分为两个阶段，从万历二十年

日本神户市立博物馆藏
丰臣秀吉画像

(1592)四月至万历二十一年(1593)七月,万历二十五年(1597)二月至万历二十六年(1598)七月。这场战争在三个当事国有不同叫法,由于1592年是农历壬辰年,1597年是丁酉年,所以朝鲜叫“壬辰丁酉倭乱”。由于战争的两个阶段分别处于日本的文禄和庆长年间,所以日本叫“文禄庆长之役”。由于这是明朝援助朝鲜抵御倭寇的一场战争,所以明朝称为“东征御倭援朝”或朝鲜之役,现在则通称“壬辰战争”。

当时日朝双方力量悬殊。日本挟刚完成统一之气势,国力强盛,军队数量庞大、装备精良、训练有素,而且进行了充分的战争准备,战力远非当年的倭寇可比。而朝鲜承平日久、内政混乱、武备废弛,根本无力抵抗日本。日军利用优势兵力,采用三路并进、速战速决的战法,登陆后势如破竹,迅速攻占了朝鲜首都汉城和全国大部分地区,“三都守失,八道瓦解”。朝鲜国王李昖一边逃亡,一边向明朝求助。当时的朝鲜和明朝保持密切的封贡关系,朝鲜向明朝纳贡称臣,明朝则给予朝鲜政治承认、军事保护和朝贡贸易的权利。明朝收到朝鲜君臣的请求,出于自卫以及保护藩属国的考虑,决定出兵援朝。辽东巡抚郝杰首先派副总兵祖承训率骑兵两千余人入朝,但由于军情不实、后勤不足而惨败。明朝花了很长时间确认情报、与日本谈判、调查日军规模、调拨各路军队、筹办粮饷等。万历二十年(1592)十二月,明朝以兵部侍郎宋应昌为经略,以蓟、辽、保定、山东提督李如松为防海御倭总兵官,率明军4.8万余人援朝抗倭。

小贴士

经略:明清时期,边疆地区发生严重危机,朝廷需要采取重大军事行动时,临时设置的军政长官,有权调动多支军队和协调各种军事资源,地位高于总督。

援朝抗倭的明军主要分为三部分,即南兵、北兵和西兵。“南兵”包括浙直、福建、两广兵,以浙兵为主;“北兵”主要指蓟镇、辽东、大同、保定等北方边镇的军队,其中辽东军占大多数;而“西兵”主要指西南云、贵、川等地的土兵和苗兵。戚家军在蓟镇重建之后,主要是修守长城和驻守墩台,加上当时的和平环境,几乎没有大规模兵团作战的机会。壬辰战争爆发时,离戚继光东南抗倭已过去30多年,除了少数戚家军老将外,大部分士兵并无与日军对阵的经验。在此情况下,明朝不得不设立海防游击,驻永平府滦州乐亭县，另增募 3 000 名南兵驻守。之后又从义乌招募南兵 2 100 名，再抽调蓟镇墩台军兵 900 名，令戚继光旧部吴惟忠率领入朝。从数量来看，当时援朝抗倭的军队以北兵为主，南兵前后合计只有约 7 000 名。尽管南兵数量不多，但由吴惟忠等老将训练指挥，战斗力却很强。

万历二十年(1592)年底，吴惟忠作为明军先锋进入朝鲜境内。朝鲜宰相柳成龙对浙兵描述如下：勇敢精锐，无可匹敌；不骑马，都是步战；擅长使用火箭和大炮；头戴白稻巾，身着红白蓝黄等颜色的军服，都是“敢死之兵”。这批擅长火器的步兵，配合吴惟忠等训练的营阵、战法，战力在日军之上。所以当时入朝作战的游击、浙江嘉定人钱世祯说：“日本的鸟铳虽然能杀人于百步之外，但是短兵相接的话则不足为虑。”钱世祯虽然统领的是山东骑兵，但是他对浙兵的战斗力很是认可，也曾对他们遭受的不公平待遇叫屈。

万历二十一年(1593)农历正月初五明军进抵平壤，平壤城东面是大同门、长庆门，南面是芦门、含谈门，西面是普通门、七星门，北面是密台门和牡丹峰。驻守平壤城要地牡丹峰的是日军松浦镇信的部队。松浦镇信作为九州西北部肥前藩一个较小的大名，其领地平户岛面临对马海峡，是日本前进海外的前哨站。此前松浦镇信在丰臣秀吉的支持下，大力发展平户港的海外贸易，在平户兴建荷兰、英国的商馆，从贸易中获取丰厚利润。与此同时，他大力支持倭寇对浙江和福建的侵扰，平户也成为当时倭寇在日本的大本营，可以说，松浦镇信是戚家军的老对手了。初六晚上，提督李如松亲自率领由其家丁和大同兵组成的一支部队，进攻日军据点牡丹峰而失败，是为第一次牡丹峰战斗。初八日，明军开始全力进攻平壤。李如松的部署如下：蓟镇游击吴惟忠、辽东副总兵查大受主攻北部要塞牡丹峰；中军杨元、右军张世爵攻打七星门；左军李如柏、参将李芳春攻打普通门；祖承训攻打芦

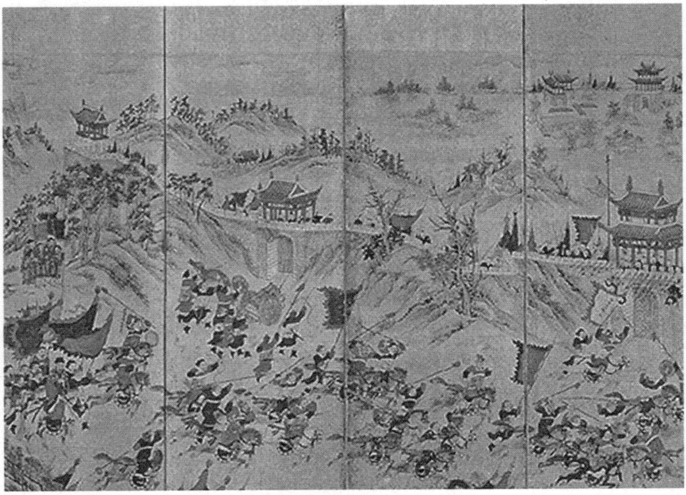

韩国国立中央博物馆藏平壤大捷图

门。三面围攻，东面是留给日军逃窜的路线。

吴惟忠率领的步兵作为先锋，查大受所率骑兵作为殿后。当时，明军兵力是松浦军的三倍，火力也超过松浦军。尤其是明军火炮的射程远超日军火炮，声音如霹雳，碰到者立刻化为粉碎。另外，明军攻城之前，先放毒火箭千万支入城，以焚烧敌人防卫设施和释放毒气。日军盘踞的角楼，被明军的毒火毒箭焚烧殆尽。到黎明时，明军每人口含参将戚金制作的解药二三丸，试图攀缘登城。不过，牡丹峰易守难攻，松浦军居高临下，用火枪射击登城的明军。朝鲜方面的记录称，吴惟忠的军队，很多死在土墙之下。吴惟忠本人也胸口中弹，从城楼上坠了下来，鲜血流到脚跟。尽管身负重伤，吴惟忠仍坚持指挥战斗，并最终成功登城，松浦军死伤大半，松浦镇信本人也仓皇逃走。双方激战至夜间，小西行长率残部从东南方向突围而出。在距城五里的地方，遭到明军伏击。根据朝鲜人的描述，当时明军炮火齐发，炮声犹如“天崩地裂”，火光烛天，倭寇还击的枪声则声音稀疏。

平壤之战共消灭日军 9 000 余人，明军仅损失 790 人。平壤之役明朝的南兵先登城墙，但北兵杀敌较多；李如松上报明廷时，大大夸奖北兵杀敌之功，而忽略南兵先登之功。而实际上，所谓北兵多杀敌固然是真，但它一方面是由于收割南兵火器杀伤倭寇的战果，另一方面也出现北兵滥杀朝鲜人冒充倭寇的现象。这点除了当时朝鲜人的控告外，还有山东都御史周维韩、吏部给事中杨廷兰等，都弹劾李如松杀害朝鲜人冒功。根据朝鲜方面的说法，攻城的基本上都是浙军，而吴惟忠、骆尚志所部则是先登，功劳最大。日本人亦认为其失败主要是浙兵“善用火器，勇锐无比”所致。当时的朝鲜外交家李德馨称“倭寇最畏惧忌惮的，只有南兵”。但是李如松不仅未能兑现率先登城赏银一万两的承诺，而且还把本战首功给了自己的心腹张世爵。总经略宋应昌亦偏袒李如松，将平壤大捷首功归于辽东兵。朝鲜国王曾当面向李如松抱怨称，他不能把南兵骆尚志的功劳让给张世爵。

平壤大捷后，南兵、北兵的矛盾更加尖锐，李如松为了争功，故意不分配南兵作战任务。他得到虚假情报，以为日军正从汉城撤退，于是在正月二十三日，只带领辽东兵从平壤出发南下攻打汉城。不过，李如松犯了轻敌冒进的错误，他当时只有骑兵，居然连优势的火器都没带。二十七日，辽东军在汉城附近的碧蹄馆遭到日军悍将立花宗茂、日本第六军团小早川隆景、第三军团黑田长政率领的2万多日军的联合进攻，此战辽东兵死亡5 000精锐。主帅李如松在副总兵杨元、游击钱世祯等人的接应下，才狼狈逃回开城。日本人亦评价李如松“由于个人私心而危害大局，一至于此”。南兵将领骆尚志亦称：“前日碧蹄之战，如果大军一起前进，杀尽倭寇，那么朝鲜国王早就可以安顿在王京，而我们大明天兵也已陆续回国了。但是提督李如松轻敌贪功，不带南兵，只带家丁，几乎死于贼手，大败而退，误了一场事。此后变得胆怯畏战，丧失了进攻的勇气。”碧蹄馆之役后，明朝和日军出现均势的对峙局面，明朝的重心转向交涉谈判。

由于明朝方面的主事者兵部尚书石星、征东总经略宋应昌、提督李如松等一心要和日军和谈，致使明军在战场上消极被动。此后的战斗主要发生在朝鲜军队和日军之间，双方在幸州山城以及朝鲜半岛南部多次发生战斗。这期间，明军焚烧日军龙山粮仓是迫使日军从汉城撤退的重要原因。不过，明军的消极防御与日军的主动进攻形成鲜明对照，给朝鲜和明军带来重大损失。万历二十一年(1593)六月双方和谈期间，丰臣秀吉派加藤清正、黑田长政等部袭占晋州城，杀死朝鲜将领金千镒以及全城军民六万余人。当时副将吴惟忠、副将刘綎等所率南兵就驻扎在晋州附近，由于没有上级命令，他们只能眼看着晋州沦陷。十月加藤清正袭扰安康，浙军将领王必迪战败。有一次加藤清正又来挑衅驻扎在庆州的明军，吴惟忠、骆尚志战败，浙兵遭受 300 余人的重大损失，吴惟忠被革职并召回国内。

尽管和谈期间大大小小的冲突不断，明廷还是于万历二十一年(1593)七月宣诏退兵，以推进他们认为的日本投降封贡之大计。此后的明、日谈判非常具有戏剧性。丰臣秀吉居然以战胜方自居，居高临下地提出明朝要嫁公主为天皇后、恢复勘合贸易，朝鲜方面则需要割让南四道、派王子当人质以及宣誓永不叛日等无理要求。明朝同样以战胜方自居，要求日本全部撤军、上表称臣，可以册封但不许朝贡。由于双方立场差距过大，日方使节小西行长和明朝使节沈惟敬恐怕完不成出使任务，便私下伪造了《关白降表》，上呈明廷。明廷对丰臣秀吉的“恭顺”表示满意，于是颁布诏书，封丰臣秀吉为日本国王。丰臣秀吉让下属翻译诏书时发现了猫腻，大怒，于是驱逐明使，威胁处死小西行长，并于万历二十五年(1597)正月再次发动侵朝战争，史称“丁酉再乱”。

这一次，日军组织八个军团，加上驻釜山的预备队，共 14 万人。朝鲜官员李好闵说：“复破此贼，非浙兵不可。”于是朝鲜国王请求明朝先派浙兵 3 000 人，星火入援，驻扎要地，使日军有所忌惮，然后等后援大军一到再发动进攻。于是二三月间明朝先后任命麻贵为总兵官，

小贴士

勘合贸易：明朝和周边国家的一种官方贸易形式，因使用发给外交使节的勘合符和勘合船，因此称勘合贸易。日本和明朝共进行19次(1401—1549)勘合贸易，此后随着倭寇兴起，明、日贸易转以走私贸易为主。

杨镐为佥都御史，经略朝鲜军务，并令副将吴惟忠、杨元各领兵3 000多人，即刻入朝。接着任命邢玠为兵部尚书，总督蓟、辽、保定军务，经略御倭，成为本次入朝御倭的最高将领。五月，第一批3万人的明军开赴朝鲜战场。

万历二十五年(1597)八月，日本左、右两路大军开始进兵，先后攻破泗川、南海、光州。八月十二日，数万日军进抵南原城下，驻守南原的是杨元统帅的3 400名辽东兵与1 000名朝鲜兵。日军利用优势兵力，从四面攻城，双方用火器相互攻击。杨元见敌众我寡，城中武器弹药渐少，遂向全州守将陈愚忠求救，不料被拒。八月十六日夜间大雨倾盆，日军趁明军懈怠之机，偷偷填埋了护城河，迅速攻上了城墙。据说杨元当时仍在睡觉，知道南原陷落后，弃城而逃。守城明军和朝鲜士兵大部分阵亡。南原失守后，驻守全州的明军将领陈愚衷立即撤退，将全州拱手让人。麻贵见南原、全州这两座军事要冲全部沦陷，于是下令驻扎在忠州的吴惟忠和驻扎在公州的明军，统统撤退到汉城。此后局面一发不可收拾，日军接着连续攻陷石山、金州、公州等地，进逼汉城。

此后明军迅速调整了作战策略，双方展开了一系列攻防战。万历二十五年(1597)九月六日麻贵派副总兵解生，利用骑兵优势，在稷山金岛坪击败日本名将黑田长政的第三军团，是为“稷山大捷”。日军悍将加藤清正等南退，途中经过青山时，遭遇了彭友德和吴惟忠率领的明军，被歼灭数百人，加藤清正仓皇逃跑，史称“青山大捷”。十月，日军将领毛利秀元进攻青山时，被参将彭友德率领的明朝和朝鲜联军围歼，死伤惨重。十月二十六日，朝鲜水师将领李舜臣一方面在鸣梁海峡设疑兵扰乱日军，一面亲率 14 艘船将敌人引入鸣梁海峡，向日军指挥舰发动进攻，歼灭了指挥舰和其他战舰 2 艘，击毙水军大将来岛通总、得居通年和水军将领菅达长之子菅正阴，另外海军最高统帅藤堂高虎、军监毛利高政险些被活捉。日本陆军将领加藤清正、小西行长、岛津义弘、锅岛直茂等人听说海战失败，担心海上补给线受影响，不敢再贸然北上。

十二月，明将茅国器率领南兵进攻蔚山，将正在筑城的加藤清正的军队包围，然而杨镐却出于私心，临时将南兵换成辽东兵，结果给了日军固守待援的时机。次年正月，毛利秀元、黑田长政等率援兵赶到。结果杨镐策马先逃回汉城，麻贵亦继而逃走，明军大溃败。其中，副将吴惟忠、游击茅国器断后，撤出了战场。蔚山之战明朝损失士卒 2 000 余人，杨镐一开始不按实情报告，并动用朝内的人事关系自保，该年五月被召回罢职。

万历二十六年(1598)五月，明军继续调派水陆军约 5 万人支援朝鲜，包括陈璘的两广兵、刘綎的四川兵、邓子龙的浙兵等均赶至增援。邢阶将明军分为水陆四路，中路李如梅率领，东路麻贵率领，西路刘綎率领，水路则由陈璘率领，各负责要地，相机而动。其中陈璘作为水师提督，部将有副将邓子龙、陈蚕，游击马文焕、季金、张良等将领，其中陈蚕是戚继光的重要部下。八月，日本关白丰臣秀吉死于京都伏见城；十月消息传到朝鲜，无心恋战的日军计划撤退。十一月，陈璘派邓子龙和朝鲜水师将领李舜臣，在露梁海截击救援小西行长的立花宗茂、岛津义弘等部，邓子龙、李舜臣不幸牺牲，副将陈蚕、季金等领军赶至，击退日军。接着陈璘、刘綎联合，再焚烧日军战舰数艘。日军大部撤离朝鲜。七年抗日援朝战争就此

日本福冈市立博物馆藏蔚山之战图

结束。

两次援朝抗倭战争长达 7 年，浙兵是东征明军的重要组成部分，义乌兵在浙兵中更占了很大比例，戚继光旧部副总兵吴惟忠、楼大有、王必迪、叶邦荣，参将骆尚志、游击胡大受、副将陈蚕皆有立功记录。此外，战争末期加入的海军将领季金，其父亲季堂就是戚家军的水军将领，深受戚继光的影响，因此季金可以算是戚家军的第二代。季金清廉公正，治军严明，在朝鲜口碑很高，至今韩国忠清南道保宁市还有表彰季金的“钦差统领浙直水兵游击将军季公清德碑”。难怪后来援朝御倭最高负责人邢阶感叹称：“现在闽、粤、浙江之间，水师雄霸海上；渔阳、上谷驻守墩台的兵卒，被推举为军队先锋，都是戚将军遗留下来的功绩啊。”

万历二十一年(1593)正月的平壤之战中，明军第一次进攻牡丹峰失败而第二次成功。战役后，朝鲜国王亲自感谢李如松，问为何“天兵”(明军)前面失败而后面胜利，李如松说“之前北方的将领，练习的都是防御蒙古人的战法，所以不利。现在我们用的是戚继光将军的《纪效新书》，是抵御倭寇的方法，所以取得全胜”。正所谓说者无心，听者有意，这不免让李朝政权产生效仿之意，例如朝鲜宰相柳成龙就曾多次请求效仿浙兵练兵和制造火炮。再加上明朝抗倭经略宋应昌等主张议和撤兵，为了让朝鲜有能力自卫，因此亦主张对朝鲜军加以训练。万历二十一年(1593)八月，宋应昌上书朝鲜国王，建议从全罗、庆尚、京畿等道选募士兵，全部发往刘綎、吴惟忠、骆尚志等南兵军营中，让他们与南兵穿一样的军服，用同样的兵器，起伏击刺之法的训练也和南兵一样。老将胡大受当时已年近古稀，他就曾具体指导朝鲜训练了一支具有新式“三手”技的火炮军队。几个月后朝鲜军容焕然一新。李朝君臣检阅炮手，称赞“我国数百年未见之军容”。到万历二十五年(1597)六月，以南兵方法训练的朝鲜新军达 2 万人，各种大炮达 300 门。为抗倭战争的最终胜利提供了重要保障。万历二十一年(1593)十月，朝鲜成立了一个专门的练兵机构“训练都监”，制定了与军事制度配套的“三手粮”赋税征收体系，这套军事、财政相互配合的系统，一直运行到近代。

小贴士

三手：指的是壬辰战争期间朝鲜培训的射手、炮手、杀手这三类士兵，为了保障训练经费，特别征收了一种土地税，称三手米或三手粮。

当南兵大多撤回时，朝鲜又奏请从南营中留下教师以训练新兵，此举背后也有南兵将领如戚金、骆尚志等人的积极建议。许多教师曾是戚继光的旧部下或熟悉戚继光的战法，他们由老将胡大受统领，以《纪效新书》和他们的作战技能对朝鲜“三手”军进行训练。其中南兵教练闻愈，曾和戚继光讨论《纪效新书》的内容，壬辰战争时为骆尚志的部下，后来一直为朝鲜训练新军，最后客死朝鲜。其他南兵教师有的武艺高强，有的熟悉火炮的使用，他们亲自教朝鲜新兵学习南方兵器如鸟铳、狼筅等的用法，以及营阵之法。从戚家军军事思想和军事经验的继承来看，朝鲜“三手”军可谓得其真传。

壬辰战争中，吴惟忠作为副总兵，是戚家军中地位较高者。他率领的南兵在朝鲜口碑最佳，当时朝鲜的理学家柳成称吴惟忠“功最廉操”。朝鲜官员裴龙吉曾撰《天将吴侯颂德碑铭并序》称颂吴惟忠的道德操守，他说有一次自己奉命去犒劳南兵，其他南兵将领如刘綎、王必迪等都以礼相迎，而吴惟忠除了一壶酒外一概不收，他为此还耿耿于怀。裴龙吉还记载了吴惟忠军纪严明的许多例子，例如行军从不骚扰百姓；从不向百姓索取物品，甚至连百姓的犒劳馈赠也不接受；需要购买物品则与百姓公平买卖。有一次，一名士兵曾割取公家发放的褥子来修补马鞍，吴惟忠不仅处罚了士兵，还亲自赔偿了朝鲜方面。吴惟忠的清廉自守、军纪严明让朝鲜君臣深受感动。

第一次和谈期间，吴惟忠、骆尚志败于日军加藤清正，被革职召回。朝鲜国王李昖亲自为吴惟忠送行，赞其“功在三韩”，还赠送豹皮、腰刀等物品。国王还自谦说自己国家是小国，没什么东西可回报吴大人，只有这些可送了。

南兵的纪律性要远好于北兵尤其是李如松的辽东军，时人也常做这样的比较。当时朝鲜人吴希文说：“往来的明军络绎不绝，索取烧酒、蜂蜜、鸡蛋等，掠夺财物，没有纪律到了极点，这都是提督李如松的部下，不约束士兵，所以才如此过分，据说他们都是蓟辽兵。而宋、骆二位将军的士兵，则对地方秋毫无犯，号令严肃，经过的地方，人们都和平生活，这些是浙江的军士。真是值得赞扬！”朝鲜人非常害怕李如松的辽东军，辽东军每前往一个朝鲜地方时，当地县衙会张贴告示提醒民众防范，而当吴惟忠等浙兵到来时，朝鲜百姓往往主动前来慰劳。

吴惟忠官至都督佥事，后因病告老还乡，晚年隐居于义乌夏演里金岩谷，教孙子读书，高寿而终。朝鲜人民歌颂吴惟忠为“天将吴侯”。其行军作战所过之处，“岭南一路皆立碑颂之”，据中外学者调查，朝鲜各地民众共给他立了至少七通碑，如“天将吴公惟忠清勇之碑”战后两百年尚存。今日韩国安东还保存着石碑“天将吴侯颂德碑铭”，上面印刻着对吴惟忠的赞扬和他的光辉事迹。其所率南兵，被朝鲜国王赞为“剑阁精兵”，为戚家军赢得了很高的声誉。

朝鲜之役中戚金是另一位著名的戚家军将领。他是戚继光的族侄，定远人。由于戚继光与老家定远的戚氏宗族联系密切，加上中年时仍无儿子，所以便把戚金收为养子。戚金大约 15 岁时就跟着戚继光在福建抗倭，当戚继光调任蓟镇总兵时，他也随之北上。戚金勇武而有谋略，无论是性格还是用兵方面与戚继光颇多相似之处。他多年军旅生涯中，屡建奇功，壬辰战争开始为“统领蓟府二营车兵游击”，后因功升参将、副总兵。朝鲜官员郑琢曾评价他“节俭爱人，以道义自持”，“其所经过，秋毫不犯，严戢士卒，勿令扰害地方，深有古将之风”。他从朝鲜回国时，朝鲜官员李德馨曾赠诗：

帐下三千组练明，殊方先识旧家声。
人传代北兵机妙，我爱关西世业清。
尽戟卓城边日退，牙旗下陇阵云平。
再生恩德浑难报，应向南营别有情。

这首诗体现了朝鲜官员对戚金乃至戚家军的良好印象。“帐下三千组练明，殊方先识旧家声”指的是戚金文韬武略的家庭渊源，“人传代北兵机妙，我爱关西世业清”是称赞他的用兵谋略以及道德操守，“再生恩德浑难报，应向南营别有情”说的是他带领南兵参与抗倭援朝，对朝鲜有重大恩情。这次战争中戚家军众将领展现出的强大战斗力、严明的军纪、清廉的为人，很多方面可见戚继光的影响，真正体现了戚家军的精神与品格。

第七章　石门兵乱　浑河折戟

援朝抗倭战争爆发，蓟州戚家军入朝参战，立下赫赫战功。第一次援朝抗倭后，援朝的南兵有一部分回到浙江老家，一部分回到蓟镇原来的墩台戍守。扣除这两部分，剩余的 1 200 多南兵驻防石门寨（今秦皇岛境内）。为了弥补兵员不足，先后由戚家军部下参将陈蚕、南兵将领钱世祯等奉文招募南兵，留驻石门寨，共约 3 590 人，称作海防营兵。也就是说，海防兵是由壬辰倭乱之后留下的部分南兵加上新招募的南兵组成。

当时，明朝和日本正在谈判休战，有大臣提议说国库紧张，建议各路募兵都撤去，这批海防兵知道他们有可能被裁撤，生计受影响，于是心怀不满，群情汹汹。万历二十三年（1595）农历八月，海防兵驻地石门寨出现骚乱。根据海防兵自己的说法，此前平壤战役时，总兵李如松许诺先登上平壤城的所部官兵赏银一万两，后来南兵果然首先登上城头，但是李如松并未按照约定给予南兵赏银，反而处处打压南兵。实际上，根据参与镇压的将领所言，这批南兵除了索要东征功赏银外，还要求发放安家银，两项合计人均四五十两之多。平乱者称他们驻防本地并未十分卖命，只想贪图丰厚的薪水。总之，募兵制之下的军队待遇、南北兵矛盾成为此次兵乱的主要原因。

小贴士

安家银：招募士兵入伍时支付的一次性安家费用，是募兵制之下士兵的各种福利之一，明末通常是人均5两左右。

根据官方的说法，兵变策划者胡怀德、陈文通等人利用南兵不满之机，图谋不轨。此外兵变首领还有一位叫李无逸，曾任平江县主簿，其子李化龙在营当兵，李无逸因事罢官后就跑到军营里，自称擅长天文，不久就和南兵小头目胡怀德、陈文通等熟识。当年八月二十五日，他们到处张贴海报，鼓动士兵索要东征的赏银和安家银，屯聚演武场，咒骂当权者，试图逼官方让步。后经督抚、兵部复奏，朝廷同意这批士兵仍留本地，粮饷照发；有愿意回乡归农的，发给遣散费。胡怀德、李无逸等人对此十分恼怒，称朝廷不过是缓兵之计，目的是要剿灭他们，遂鼓动士兵造反。

万历二十三年(1595)十月初二夜，胡怀德、陈文通等几十人开始在军营里持刀恐吓其他士兵加入叛乱。接着劫掠各守台官兵，胁迫他们加入叛乱，以至于50多座敌台空无一人。天亮后，所有叛军齐集演武场。叛军首领都自己封了官职，李无逸自称军师，龚富为其副手，胡怀德自称游击将军，吴文标、陈文通以下皆有相应职位。他们歃血为盟，让明参将钱世祯也加入盟誓，被钱世祯拒绝。钱世祯和另一位参将管一方等劝阻不成，反被扣押。

初三早上，卢龙兵备副使方应选、协守戴星等地方官听闻叛乱的消息，一面通知督抚和朝中各部门，认为形势严峻，不得不镇压；同时派人劝说蓟州总兵王保派兵前来。初四中午，方应选收到墩台被劫的消息，于是下令北兵接管各台，令南军副将骆尚志申饬其他墩台不要妄动。同时派人潜入叛军军营，督促被劫持的士兵早点逃出，以免大祸临头。初五，蓟州总兵王保亲自抵达台头，定下用兵之计。随后王保、方应选、蓟州道项德祯等抵达石门，谎称他们是来讨论叛军军饷问题的。参将钱世祯被叛军派来谈判，方应选假装谈判，并暗示钱世祯围剿的本意。

与钱同来的还有石门中军高如松，他透露了石门寨布防情况等重要信息，称城内叛军不过三四百人，城中没有水井，火器一向布置在城外。不久，被扣押的高如松、钱世祯、管一方等逃出叛军营寨后，方应选、项德祯决定立刻动手。

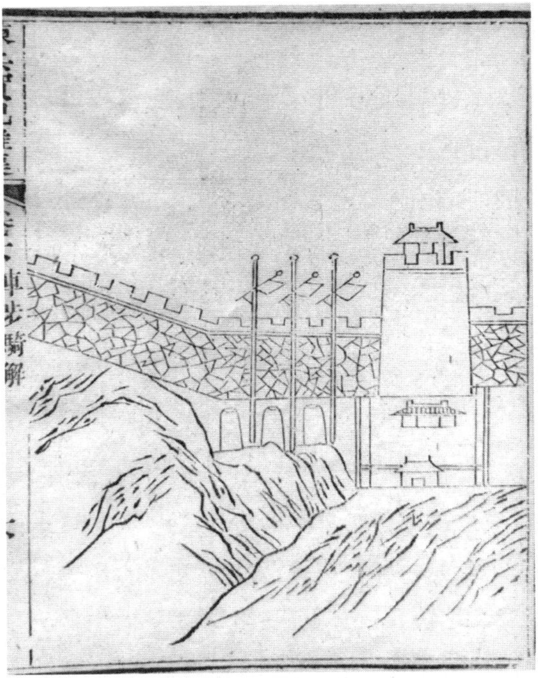

戚继光《练兵实纪》中的边墙墩台

初九，蓟州总兵王保的军队和各路兵马到齐，遂将石门寨围困数重。叛军胡怀德等人用兵器库中的火器射击。王保让单骑引诱南兵分散兵力，自己则率军冲上前，擒斩80余人。但是南兵仍然继续射击，王保则发射火炮攻击，南兵才开始有害怕的样子。王保又让四面竖起招降的旗帜，当时有100余人投降，胡怀德等还继续追杀了几个投降者，其余党羽仍拒绝投降。王保亲自督率骑兵精锐缩小包围圈，又擒斩40余人。王保声言只要放下兵器，即可不杀，于是剩下的南兵全部投降。陈文通则逃逸，其他漏网的头目也不少。

初十日，王保、方应选等将投降的南兵分为五部分，插入各支明军之中。次日在演武场进行盛大的处决大会。当时召集文武各官前来观看，请吹鼓手吹吹打打，举办了焚香告天仪式。然后，把投降的南兵10人一组押解过来，让中军、把总前来识别，如果有叛乱头目，就绑到场中。其余胁从之人，每人发给免死票一张，叩头谢不杀之恩，仍发还各营看管。当天一共揪出头目32人，在又一番焚香告天仪式后，处死21人；其余11人审讯后，押往京师，最后遭到处决。

此事在朝廷内外引发巨大震动。当时有部分叛军逃走，四处讲总兵王保等人滥杀，说王保本身就看这些南兵不顺眼，利用与南兵的小矛盾，将南兵引诱到演武场进行大屠杀。听到这个消息，人们莫不愤慨惋惜。实际上，从张居正被清算、戚继光被迫离开蓟镇后，南兵将领纷纷被罢斥或贬官，留下的南兵也难免遭受打压。因此，石门事变发生后，吏科给事中戴士衡、御史汪以时均弹劾王保对南兵有偏见，借故滥杀；同时弹劾主张镇压的兵部尚书石星误国。但是，王保、方应选等人则认为这些反对的官员都是南方人，所以向着南兵说话。实际上，当时朝廷内党争严重，蓟辽总督孙矿和兵部尚书石星之间，围绕朝廷是否对日本议和封贡出现意见分歧，石门事变只不过让原本的分歧更加凸显了。朝廷派巡关御史核查的结果，认定事变的性质是南兵造反，决定将为首者正法。

在石门事变被定性为造反后，蓟镇督抚官孙矿等人向兵部提建议，要求将这些海防兵"余党尽驱南还"，兵部奏闻皇帝，最后同意将这批军人解散。一周后，兵部令京营陈云鸿、茅国器等"统押防海南兵，发回原籍。有不听命者，以军法从事"。于是叛乱南兵被编为五队，从蓟镇驻地三屯出发，一路经宝坻、天津、徐州、淮安、京口、浙江，每一站都有当地军队监视护送，且发放路费，到原籍后，解甲归田。

石门事变暴露了戚继光去世之后，人事变动、军队管理给南兵带来的致命问题。戚继光的旧部下，大多军阶较低，没有独当一面的权力；他们的上司往往还是北人将领，更不可能给他们治军的空间。例如在石门事变中，王保、方应选等人力主镇压，戚家军旧将只能被动听令，根本没有出谋划策的空间。实际上，最早招募海防兵的就是戚继光的旧部下陈蚕，参与镇压蓟州兵变的将领也包括闻名朝鲜的南兵首领副将骆尚志、参将王必迪等。但是，由于他们没有治军之权，戚家军原来的一些重要治军措施比如恩威并用、赏罚严明等自然无法延续。戚继光领军时，南兵军饷待遇的问题、南北兵矛盾的问题都曾多次出现，但是他基本上能设法筹措和化解。但在石门事变过程中，再也没有这样的主帅了。

这次兵变对南兵士气确实造成了一定的打击，同情者认为南兵普遍感到愤怒和惋惜，以至于此后很少有人应募入伍。但实际上，随着万历二十五年(1597)明朝与日本的封贡和谈破裂，丰臣秀吉再次大举侵朝，朝廷又再次调发蓟镇南兵 2 000 名。这说明募兵制之下产生的南兵，和朝廷基本上近似一种纯粹的雇佣关系，石门兵变只不过放大了这种关系而已。当然，从军队管理的角度来说，戚继光有丰富的驾驭职业化雇佣兵的经验，比如卓有成效的思想政治工作、恩威并用等，即便如此，戚继光治军时期也出过几次危机，凸显了募兵制本身的弊端。

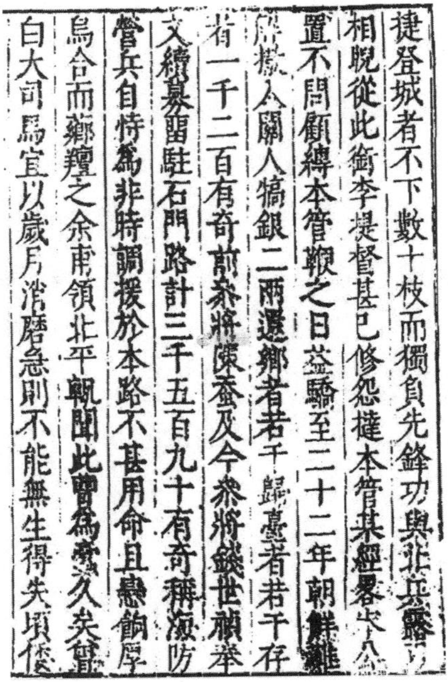
捷登城者不下數十枝而獨負先鋒功與北兵[illegible]
相睨從此銜李提督甚已修怨撻本管某經畧[illegible]
置不問顧縛本管鞭之日益驕至二十二年朝鮮
既撤入關人犒銀二兩還鄉者若干歸營者若干存
者一千二百有奇前參將陳蠶及今參將駱世顯率
文續募留駐石門路計三千五百九十有奇稱瀕防
營兵自恃爲非時調援於本路不甚用命且懸餉厚
烏合而薊鎮之余甫領北平輒聞此曹爲蠹久矣嘗
白大司馬宜以歲月消磨急則不能無生得失頃倭

方应选《滦东平叛记》之一页

事实上，南兵将领没有独立管理军队和战场决策的权力，再加上战术失误，直接导致戚家军的最终消失。戚家军的最后一次战斗是由戚继光的族侄戚金带领。戚金的仕途并不顺利，第一次援朝抗倭之后，因事被降为刘河游击，此后一度沉寂，万历三十年（1602）升任南直隶江南副总兵，但后来又被降为天津游击、真定游击。万历四十八年（1620）五月，戚金年近古稀之时，再次被启用，是因为辽东“虚而滑”的浙兵无人能统领，辽东经略熊廷弼这才想起来戚家军可能还有些人才。虽然被以参将起用，但是在明朝等级森严、山头林立的军事系统中，这种较低的官阶限制了他的能力。而且辽东大战在即，他几乎没有时间认真训练军队。

就在明军内部出现种种问题之际，努尔哈赤的八旗军作为一支新军崛起于白山黑水之间。努尔哈赤出身建州女真贵族，其祖父、父亲曾担任明朝的建州左卫指挥使，后来卷入其姻亲与明朝的矛盾而被辽东总兵李成梁误杀。万历十一年(1583)努尔哈赤袭任建州左卫指挥使，随即利用其祖父、父亲遗留下来的13副铠甲起兵，开始兼并女真各部。他在女真人狩猎组织的基础上，创建了八旗制度。初置正黄、正白、正红、正蓝四旗，后增设镶黄、镶白、镶红、镶蓝四旗，合称八旗，八旗首领为固山额真、甲喇额真、牛录额真等。八旗兵是耕战一体的军事社会组织，战斗力较强。另外，他在兼并各部的过程中，施展了合纵连横、恩威并行等策略，历时10年统一了女真各部。万历四十四年(1616)，努尔哈赤在赫图阿拉建立后金政权，改元天命。万历四十六年(1618)正式起兵反明。万历四十七年(1619)二三月间，在决定性的萨尔浒之战中，努尔哈赤以6万兵力击败四路围剿的11万明军，势力迅速扩张到辽河流域，并于天启元年(1621)初包围了明朝辽东重镇沈阳。

刚上任的辽东经略袁应泰决定派老将陈策率军救

援。天启元年(1621)三月十三日,这支援军包括驻守辽阳的秦民屏、秦邦屏统帅的四川石柱白杆兵和冉文光统帅的酉阳土兵7 000多人,以及副将戚金、参将张名世统帅的浙兵3 000多人。这几支军队也算是辽东的精锐,他们出发时队伍整齐,武器齐备,士气也很高。明军本来的计划是与沈阳守军内外夹击,岂料沈阳总兵贺世贤贸然出击中伏,被城中蒙古奸细与后金军里应外合,攻占了沈阳。救援军到达离沈阳仅十余里的浑河时,陈策听到沈阳失守的消息,便决定回师。岂料川兵、土兵誓要一搏,尤其土兵将领、游击将军周敦吉等激情昂奋,他们对陈策说:"我辈不能救沈,在此三年何为?"于是游击将军周敦吉与副总兵、四川石柱都司佥书秦邦屏等将领率石柱、酉阳士卒7 000余人渡浑河,在河北立营。陈策与副总兵童仲揆、参将戚金、张名世等将领麾下的浙兵3 000余在河南立营。明军分散扎营,且浑河两岸难以相互救援,这给了后金军各个击破的机会。他们的阵营还没完全立好,努尔哈赤已率八旗铁骑从四面杀来。

石柱白杆兵是著名女将秦良玉统帅的四川忠州石柱土司兵,是当时明朝的精锐部队,由其兄秦邦屏、其弟秦民屏率领。白杆兵强悍善战,主要武器是特制的白杆长枪;另外,他们的盔甲之外又罩一层厚棉,可挡刀箭。一开始，努尔哈赤见这支明军不过七八千人，又都是步兵，便有些轻敌，因此一接战便遭受重创，八旗精锐红巴甲喇骑兵败退下来。努尔哈赤大惊，又重新组织了几次进攻，都被白杆兵击退，八旗军死伤惨重，后金参领西佛先，佐领席尔泰、格朗等人皆阵亡。这时归顺后金的降将李永芳出了个主意，建议努尔哈赤到沈阳城取炮，同时找来被俘的明军炮手，用火炮进攻。很快，沈阳城墙上的那批小口径火炮发挥了巨大作用，而白杆兵与酉阳士卒没有相当水平的武器，在炮火轰炸下，阵形大乱。后金骑兵乘着烟雾掩杀上来，明军大败。明军游击将军周敦吉、酉阳将领冉见龙、白杆兵将领秦邦屏、参将吴文杰等人战死。

后金兵马消灭了河北岸的白杆兵与酉阳土兵，迅速渡河杀奔而来，数倍人马把浙兵围得密不透风。在北岸白杆兵、酉阳兵与后金人马血战之时，南岸的陈策、童仲揆就意识到事态严重，因为南岸明军仅有 3 000 余人，于是赶紧布列火炮，组织车营，严阵以待。车营经过戚继光、俞大猷的改进，再配合火器，成为对付骑兵的有效方法。努尔哈赤首先以四旗的优势兵力从左翼发起攻击，但遭到浙兵火炮、鸟铳的攻击，死伤惨重，两轮进攻下来八旗军损失达 3 000 人左右。努尔哈赤随即改变策略，不

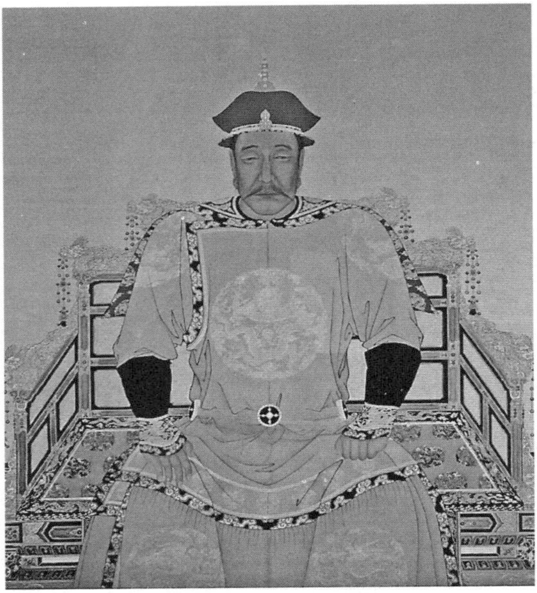

故宫博物院藏努尔哈赤画像

再使用骑兵冲锋，而是再次将攻城用的战车推了出来，改骑兵为步兵猫着腰躲在后面，有效地防御了戚家军火器的杀伤力。浙兵这边尽管火器威力惊人，但主要用于两军对阵之初使用，并非作战的主要武器，无法持久，所以弹药很快耗尽。八旗军见机蜂拥而上，两军展开了惨烈的肉搏战。明军全是步兵，他们只能以营车为单位，用盾牌和长短兵器搏杀。但毕竟寡不敌众，遭受优势八旗骑兵的分割包围和弓弩的射击。主帅陈策斩杀了十余人后壮烈殉国，童仲揆、戚金、张名世、袁见龙、邓起龙等将领皆战死，3 000 多浙兵几乎全部阵亡。

此战明军以寡敌众，从中午打到傍晚。无论是白杆兵、酉阳土兵还是浙兵，都是来自南方的山地军队，本来都不擅长平原旷野作战，但是此战打得都非常顽强，给八旗军以重创。尽管最后明军惨败，戚金也战死沙场，但是将士们顽强的斗志还是可圈可点的。当时，主将陈策已战死，童仲揆也要骑马逃走，被戚金拦下，说："你去哪？还请继续战斗！"童仲揆也是有骨气的，下马对下属说："咱们今天就战死在这吧。"于是力战，挥刀杀敌 17 人。后来清兵万箭齐发，戚金、童仲揆等都被射死。当时有少量突围出去的士卒，拎着所杀敌首献给辽阳的巡按御史张铨，张铨令照例给赏，但是士兵痛哭阶前，不愿领赏，只要求为主将报仇，闻者无不落泪。几天后的辽阳之战中，剩下的兵卒亦全部战死，辽东巡按张铨也自刎而死。

浑河之战暴露了明军决策的混乱和戚金的无能为力。老将陈策似乎并不熟悉当时八旗军的布置和兵力情况，又很随意地听从了下属请战的建议，然后又做出了错误的战阵布局。想象一下，假如这场战役由戚继光指挥，他必定会事先做好情报工作，保持优势兵力，发挥火器优势，充分利用地形，注重各军配合，正奇相倚，设置埋伏等，而不是在敌众我寡的情况下，仓促上阵，被敌人各个击破。但是，客观环境超出了个人能力的范围，即便戚金一定程度上学到了戚继光的这些军事能力，在当时的条件下他也无能为力，因为他只是几支相互陌生、缺少配合的军队中的一支而已。即便是浙兵这支队伍，其将领除了他之外还有另一位浙江人——参将张名世。他们两位都是临时被起用管理辽东浙兵的，在军中并没有地位；何况，他们的上面还有级别更高的陈策、童仲揆等。因此戚金不仅没有对这支队伍的单独指挥权，更没有战场的决策权。

另外，当白杆兵、酉阳兵、浙兵等与八旗军激战之时，明朝总兵李秉诚率朱万良、姜弼等将领及 3 万援军已经到达距离浑河只有 10 余里的白塔铺，但他们却驻足观望，畏惧不前。努尔哈赤发现侧后方有明朝援军，急派其第八子皇太极前往截击。李秉诚仓皇逃走，被皇太极斩杀数千人马。此战后，后金于天命六年(1621)迁都辽阳，天命十年(1625)迁都沈阳，并最终入关取代明朝。明朝由于用人、战略等一系列失误，逐渐消耗完了所有的精锐部队。这些部队和他们服务的朝廷一样，最终消失在历史的尘埃之中。

在戚继光去世 33 年后，戚家军最终退出历史舞台。戚继光在世时培养了一大批将领，在闽浙抗倭、蓟镇守边和壬辰战争中，他们立下了很多功劳，也基本上能够继承戚继光的治军策略，例如给朝鲜培养新军就是重要成果。不过，由于戚继光的光环太过耀眼，以至于明朝君臣对戚家军将领和南兵的认可，除了实战成效外，还与戚继光的影响密不可分。不仅外界如此，戚家军将领自己似乎也很珍视戚继光的遗产，甚至在辽东战场上，南兵还在沿用狼筅这种对付倭寇的武器，效果并不理想。对戚继光个人的领导力和军事思想的依赖给他们带来了很多问题，例如难以创新。他们在戚继光致仕后，个人仕途也受到影响，许多有军事才华的将领如吴惟忠、戚金等没能获得发挥才能的更大舞台，也没能成长为新的戚家军领袖。

从历史的角度看，对戚家军不能过于苛求。戚继光在世时就受到很多非军事因素的干扰，他能有所成就，除了个人能力外，也有赖一群志同道合的朝臣和将领。主政的徐阶、高拱、张居正都非常信任戚继光，督抚大臣谭纶、刘应节、梁梦龙都与戚继光交好，所以戚继光在推进军事改革时受到的阻碍较少。他的部下后来都没有这样有利的人事条件和施展才华的舞台。另外，军事改革所依赖的政治的、社会的、经济的环境都非个人所能解决，戚继光的军事改革就是戴着镣铐跳舞。戚继光和戚家军将领的军事才能，解决不了明朝积重难返的各种问题，最多就是延缓而不能改变明朝灭亡的命运。

主要参考书目

1. 戚继光. 纪效新书[M]. 许乃钊,校. 道光二十三年刻本.

2. 戚继光. 练兵实纪[M]. 许乃钊,校. 道光二十三年刻本.

3. 戚继光. 戚少保奏议[M]. 张德信,校释. 北京:中华书局,2001.

4. 戚继光. 止止堂集[M]. 王熹,校释. 北京:中华书局,2001.

5. 戚祚国. 戚少保年谱耆编[M]. 李克、郝教苏,点校. 北京:中华书局,2003.

6. 方应选. 方众甫集[M]//《四库全书存目丛书》影印本. 济南:齐鲁书社,1997.

7. 周士英,熊人霖. 义乌县志[M]. 崇祯十三年刻本.

8. 张廷玉等. 明史[M]. 北京:中华书局,1974.

9. 吴丰培. 壬辰之役史料汇辑[M]. 北京:全国图书馆文献缩微复制中心,1990.

10. 北岛万次. 丰臣秀吉朝鲜侵略关系史料集成

[M]. 东京:平凡社,2017.

11. 张立辉. 山海关长城[M]. 北京:文物出版社,1990.

12. 范中义. 戚继光传[M]. 北京:中华书局,2003.

13. 黄仁宇. 万历十五年[M]. 北京:中华书局,2006.

14. 杨海英. 域外长城:万历抗倭援朝义乌兵考实[M]. 上海:上海人民出版社,2014.

15. 东京大学史料编纂所. 描かれた倭寇:「倭寇図卷」と「抗倭図卷」[M]. 东京:吉川弘文馆,2014.

16. 朱永涛. "戚家军"将领群体研究[D]. 黑龙江大学硕士论文,2017.